죽음보다 강한 사랑

죽음보다 강한 사랑

1판 1쇄 인쇄   2025년 1월 25일
1판 1쇄 발행   2025년 1월 31일

지은이   김서택

발행인   한동인
펴낸곳   (주)씨뿌리는사람

등록번호   제2006-4호
주   소   경기도 이천시 경충대로 2096-4
            (서울사무소) T. 741-5181, 4   F. 744-1634

책값은 뒤표지에 있습니다.

ISBN   978-89-90342-70-6

Web   www.kclp.co.kr

"천국은 마치 사람이 자기 밭에 갖다 심은 겨자씨 한 알 같으니
이는 모든 씨보다 작은 것이로되 자란 후에는 나물보다 커서 나무가 되매
공중의 새들이 와서 그 가지에 깃들이느니라"(마 13:31-32)

죽음보다 강한 사랑

김서택

씨뿌리는사람

Prologue

프롤로그

아가서는 정말 파격적인 성경입니다. 솔로몬과 술람미 여인의 뜨거운 사랑은 물론이고 여인의 육체에 대한 노골적인 표현도 놀랍습니다. 그래서 아가서를 남녀 간의 사랑을 노래한 시로 보기도 하고, 주님과 성도 사이의 사랑을 노래한 말씀으로 보기도 합니다.

그러나 아가서는 서사시입니다. 이것은 어떤 역사적 사건을 염두에 두고 시로 승화시켰다는 뜻입니다. 아가서에는 엔게디라는 지명도 나오고, 사자 산이나 표범 굴 같은 당시의 지명도 나옵니다. 그래서 저는 아가서를 술람미 여인이 솔로몬의 사랑의 이야기(하나님의 말씀)를 듣고 더욱더 승화되어가는 모습으로 해석했습니다. 그래서 솔로몬은 단순한 사랑의 대상이 아니라 술람미 여인에게 하나님의 사랑을 전해주는 설교자로 나타나게 됩니다. 아가서를 들으면서 우리 교회 모든 여성도들은 술람미 여인이 되었습니다.

언제나 저의 부족한 설교집을 꾸준히 출판하시는 한동인 사장님께 감사드립니다. 그리고 저의 설교를 사랑하시고 하나님의 말씀을 받아들인 대구동부교회 성도들과 인터넷 성도들에게 감사드립니다.

늘 저에게 설교를 짧게 하라고 요구하는 사랑하는 아내와 미국 파사디나에 있는 딸 시현이 부부에게도 감사드립니다.

수성교 옆에서

김서택 목사

Contents

차 례

01

향기로운 입술

아 1:1-4

그리스 신화에 보면 아주 멋있게 생긴 '나르키소스' 라는 젊은이가 더운 날 숲으로 들어오게 됩니다. 그는 숲속에서 한 옹달샘을 발견하고 물을 마시려고 그 속을 보니까 그 안에 너무나도 멋진 사람이 있었습니다. 그래서 나르키소스가 그 사람을 잡으려고 하면 그 사람은 부서져서 없어져 버리고, 가만히 기다리고 있으면 그 사람이 다시 나타나곤 했습니다. 그래서 그 청년은 물에 비치는 그 잘생긴 사람을 잡기 위해서 먹지도 않고 잠도 자지 않고 옹달샘 옆에 기다리고 있다가 결국에는 굶어 죽고 맙니다. 하지만 그 옹달샘 안에 있는 멋진 젊은이는 물에 비친 자신의 모습이었습니다.

그래서 요즘도 자기도취에 빠져서 길을 가다가 유리에 비친 자기 모습만 자꾸 보거나 또 거울에 비치거나 스마트 폰에 찍힌 자신의 모습을 자꾸 보는 사람들에게 나르시시즘에 빠졌다고 합니다. 특히 요즘 젊은이들은 스마트 폰에 자기 모습을 찍어서 SNS에 올리는 것을 그렇게 좋아합니다. 그리고 다른 사람들이 자기 모습을 보고 "야, 너무 멋지다"라고 댓글을 달면 그렇게 좋아할 수 없습니다. 그러나 누군가가 악플을 달아서 "너 같은 것이 무엇 때문에 사니?"라고 말하면 정말 자살을 해버리는 젊은이들도 있습니다. 이것은 모두 우리 자신의 진정한 모습을 찾는 것이 얼마나 어려운지를 잘 보여주는 것입니다. 사람들은 흔히 자기도취에 빠진 모습을 진정한 자기 모습이라고 생각할 때가 많습니다. 그러나 그 모습은 진정한 자기 모습이라고 볼 수 없습니다.

이 세상에 살면서 자기 자신의 진정한 모습을 찾는 것이 중요한 이유는 자기 자신을 모르면 미친 사람이거나 치매에 걸린 사람이거나 아니면 로봇에 불과한 존재가 되고 말기 때문입니다. 그래서 다른 사람이 어떤 일을 하라고 하면 하고, 너는 아무 쓸데 없는 인간이라고 하면 자신이 쓸데없는 인간인 줄 알고 살아가는 것입니다. 특히 요즘은 인공지능(AI)이 발달해서 사람들은 다른 사람의 전화번호를 전부 스마트 폰에 입력을 시켜놓기 때문에 스마트 폰이 없으면 누구에게도 전화를 걸지 못합니다. 우리가 자기 자신을 찾아야지만 자신의 일생을 마귀나 다른 사람들에게 도둑질당하지 않게 됩니다.

룻기에 나오는 룻은 모압 여인이지만 시어머니인 나오미가 이야기해 주었던 이스라엘 하나님의 이야기와 또 자기 자신의 마음에 깊이 적용되는 보아스의 이야기를 통해서 자신의 가치를 찾게 됩니다. 그리고 마침내 룻은 어마어마한 하나님의 축복의 상속자가 됩니다.

아가서는 '노래 중의 노래'라는 뜻을 가지고 있습니다. 사람들은 흔히 아가서를 사랑의 노래로 생각합니다. 그러나 이 아가서는 솔로몬이 전해주는 하나님의 말씀을 통해서 포도원 지기에 불과하던 술람미 여인이 어떻게 자신을 찾으며, 또 술람미 여인의 변화되는 모습을 통해서 솔로몬이 어떻게 자기 자신을 찾게 되는지를 보여주는 노래라고 할 수 있습니다.

최근에 아가서를 설교하는 분 중에서 아가서를 아주 저속한 애정의 표현으로 해석하는 분이 있는데, 그것은 아주 잘못된 견해입니다.

'노래 중의 노래'라는 것은 가장 고상한 노래라는 뜻입니다. 아가서는 결코 저속한 애정의 노래가 아닙니다. 즉 술람미 여인과 솔로몬이 하나님의 말씀을 통해서 점점 더 자신의 아름다운 모습을 찾아가는 과정을 보여주고 있는 노래입니다. 이런 노래를 보통 서사시라고 부릅니다. 즉 이 시를 쓴 사람이 어떤 경험을 했는데, 그 경험을 나중에 아름다운 시로 표현하는 방식을 말합니다.

니체는 《차라투스트라는 이렇게 말했다》라는 책을 썼습니다. 저는 그 책이 순수하게 니체의 머릿속에서 나온 것이 아니라 무엇인가를 경험하고 난 후에 니체가 썼다고 생각합니다. 니체는 《차라투스트라는 이렇게 말했다》에서 두 산 사이에 밧줄을 걸어놓고 줄타기를 하는 광대에 대해 이야기합니다. 그러고는 아무 소리가 없습니다. 아마도 이미 니체는 줄타기하는 광대를 보았고, 인간은 산 사이에 줄을 매어놓고 줄타기 하는 불안정한 존재라는 것을 표현하고 있는 것입니다. 그래서 아가서를 서사시의 일종이라고 보는 것이 좋습니다. 즉 솔로몬과 술람미 여인은 실제로 서로 만나서 사랑을 나누었고 엔게디 사자 굴이나 표범 산 같은 곳에서 같이 데이트 한 적이 있었던 것으로 보입니다.

1. 포도주보다 향기로운 입술

1:1, "솔로몬의 아가라"

아가서를 일종의 서사시로 본다면, 솔로몬은 이미 예루살렘에서 하나님의 말씀을 배운 것이 분명합니다. 솔로몬은 어렸을 때부터 아버지 다윗 왕이나 혹은 나단이나 갓 선지자로부터 하나님의 말씀을 배웠을 것입니다. 그러나 솔로몬은 하나님의 말씀이 얼마나 귀하고 아름다운지, 그리고 얼마나 사람의 영혼을 깊이 있게 변화시키는지 경험해보지 못했습니다. 그리고 솔로몬은 왕자일 때 일시적으로 왕궁을 떠나 시골에서 양을 치면서 보내는 시간이 있었습니다. 예루살렘에는 암논이나 압살롬이나 아도니야 같은 형들이 있었는데, 이들은 모두 솔로몬의 경쟁자들이었던 것입니다. 이들이 솔로몬을 미워했던 이유는 많이 있었습니다. 그중의 하나는 솔로몬의 어머니 밧세바가 다윗 왕과 불륜의 관계에 있던 여자였다는 사실입니다. 거기에다가 다윗은 다음 이스라엘 왕을 솔로몬으로 세울 것 같았기 때문입니다. 게다가 형들과 솔로몬 사이에는 어른과 아이만큼의 나이 차이가 있었습니다. 형들은 다윗이 왕이 되기 전에 사울 왕에게 쫓겨 다녔고, 또 헤브론에서 왕이 되어 사울의 자손들과 내전을 벌일 때부터 있었던 왕자들이었습니다. 그런데 솔로몬은 다윗이 예루살렘의 왕이 된 후 평화의 시대에 태어난 아주 운이 좋은 왕자였던 것입니다.

지금도 우리나라에서 나이가 대략 70세 아래 세대는 전쟁을 겪지 않은 세대입니다. 그래서 지금의 세대는 1·4 후퇴라는 것을 모르고 비행기 폭격의 위력도 제대로 알지 못합니다. 물론 전쟁이 끝난 후 황폐한 환경에서 자라며 고생한 것은 모두에게 똑같습니다. 우리가 어렸을 때 산에는 나무가 없었습니다. 산이란 산은 모두 벌거숭이 산이었습니다. 그런데 지금은 북한이 그렇다고 합니다. 북한은 산에 있는 나무를 땔감으로 다 배어버렸기 때문에 산에 나무가 없습니다. 그래서 탈북해서 온 사람들은 남한의 산에 나무가 많은 모습을 보고 놀란다고 합니다. 지금 전후세대는 우리나라가 경제적으로 부흥이 일어나고 교회가 부흥되는 모습을 겪었던 시대만 보고 살았습니다. 그래서 사실 지금 세대는 우리나라 반만년 역사상 가장 축복받은 세대라고 할 수 있습니다. 그런데 이 세대가 하나님을 가장 많이 불신하고 가장 많이 배척하는 세대가 된 것은 아이러니입니다.

아마 다윗은 나이가 많은 형들이 사사건건 솔로몬을 미워하고 텃세를 부리는 행태를 보고 일단 그들의 눈에 띄지 않는 것이 좋겠다고 생각해서, 솔로몬을 양을 치도록 시골에 보낸 것 같습니다. 그런데 놀랍게도 솔로몬에게 예루살렘에서는 아무런 영향을 나타내지 못하던 하나님의 말씀이 시골에서는 놀라운 부흥을 일으키게 됩니다.

1:2, "내게 입 맞추기를 원하니 네 사랑이 포도주보다 나음이로구나"

우리 문화는 기독교인들이 포도주를 마시지 않는 분위기입니다. 우리나라에서는 술 마시는 사람들도 소주나 맥주 같은 것을 주로 마시지, 포도주를 좋아하는 애주가들은 별로 많지 않은 것 같습니다. 우리나라 사람들은 술의 향기를 음미하는 것보다는 빨리 취하는 것을 좋아합니다. 그러나 서양 사람들은 포도주를 상당히 좋아하고 특히 포도주가 가지는 맛과 향기를 엄청나게 높이 평가합니다. 그래서 포도주를 아주 좋아하는 사람들은 포도주병의 브랜드를 보지 않고 일단 포도주의 향기를 맡고 조금 맛본 후에는 이 포도주가 몇 년도 어디에서 만들었다는 내력도 딱 알아맞힙니다. 그리고 유명한 포도주 중에는 한 병에 몇백만 원 하는 것도 있다고 합니다.

그런데 술람미 여인은 솔로몬의 입술의 향기를 아는 여인이었습니다. 그래서 솔로몬에 대하여 "네 사랑이 포도주보다 나음이로구나"라고 노래하고 있습니다. 사람의 입 냄새는 그 사람을 가까이하는 데 큰 영향을 미칩니다. 어떤 사람은 좀 가까이하고 싶어도 입에서 너무 악취가 나서 도저히 가까이하거나 입 맞출 수 없는 사람이 있습니다. 특히 치주염이 있거나 담배를 많이 피우는 사람은 입에서 악취가 납니다. 가장 곤란한 때는 작은 엘리베이터에 두 명이 탔을 때입니다. 상대방이 술에 취했는데 그 사람이 가만히 있으면 그래도 참을만한데 "어, 취한다"고 하면서 '으윽' 하고 트림까지 하면 그때는 코를 막아야 합니다. 어떤 사람은 입에서 닭 냄새가 나는가 하면 어떤 사람은 돼지 삼겹살 냄새가 나기도 합니다. 그런 사람들은 좀 가까이하기 어려운 사람들이고, 할 수 있으면 이야기를 하지 않는 편이 좋을 것입니다. 이런 고약한 입냄새가 나는 사람은 빨리 헤어지는 것이 좋습니다.

그런데 술람미 여인이 솔로몬에게 "너의 입 냄새가 포도주보다 더 향기롭다"라고 말하는 것은 단순히 솔로몬의 입냄새를 말하는 것이 아닙니다. 이것은 솔로몬이 전해준 하나님의 말씀을 말하는 것입니다. 솔로몬은 시골에 귀양 오다시피 해서 양을 치게 되었는데, 그냥 양만 치는 것이 아니라 시골 사람들의 아이나 처녀들을 모아놓고 하나님의 말씀을 가르쳐주었던 것 같습니다. 그런데 솔로몬이 예루살렘에서 하나님의 말씀을 이야기할 때는 전부 무관심하고 냉소적인 반응을 보이고 오히려 솔로몬이 잘난 체한다고 미워하고 텃세를 부렸는데, 여기 시골은 그렇지 않았던 것입니다. 그곳에 있는 어린아이나 처녀나 아기를 업은 아주머니들은 솔로몬의 이야기에 너무 재미있어하고 그의 설교 듣는 것을 마치 포도주를 마시는 것처럼 좋아했던 것입니다. 그러므로 "내게 입 맞추기를 원하니"라는 것은 진짜 키스하고 싶다는 뜻이 아니라 솔로몬의 이야기가 너무 재미있어서 자꾸자꾸 듣고 싶어 했다는 의미입니다. 그래서 시골 아이들이나 동네 처녀나 아주머니들은 솔로몬에게 다음에는 언제 와서 또 이야기를 해주느냐고 물어보았습니다.

요즘 사람들은 입에 독이 잔뜩 들어있습니다. 그래서 그들의 이야기를 들으면 마치 독사에게 물린 것처럼 상처가 생기고 퉁퉁 붓게 됩니다. 더욱이 그들이 하는 말이 심장으로 들어가게 되면 결국 심장이 부어서 죽게 됩니다. 우리는 정말 내 영혼을 치료하는 생명의 말씀을 듣고 영혼을 치료받아야만 살 수 있습니다. 생명의 말씀을 들으면 상처에서 독이 빠져나오면서 부은 것이 빠지고 살게 됩니다. 그러나 오늘날 독을 빼는 생명의 말씀은 너무나도 듣기 어려워졌습니다. 왜냐하면 사람들은 바른 하나님의 말씀보다는 인간의 지혜를 더 가치 있게 생각하기 때문입니다. 솔로몬도 시골에 와서 그곳 사람들이 보이는 말씀의 반응에 놀랐습니다.

저는 우리 교회 청년들이 처음 제 설교를 듣고 보인 반응에 너무 놀랐습니다. 그들은 어떤 청년이 변화되는 모습을 보고 "저 청년이 변화되는 것을 보니 변하지 않을 사람이 없다"고 말을 했다고 합니다. 바로 그 청년이 변화되었던 것입니다. 어떤 청년은 군대에서 휴가 와서는 술에 만취되어 수련회에 참석했는데, 혼자 기도실에 가서 세 시간 동안 기도했다고 합니다. 그리고 어떤 청년은 은혜를 받고 전공이 다 필요 없다고 생각해서 책을 다 불태워버렸다가 아버지에게 엄청나게 야단맞고 다시 책을 다 샀다고 합니다. 저는 속으로 '그런 이야기를 좀 더 빨리했더라면 얼마나 좋았을까? 이제 시간이 다 흘러간 후에 그런 소리를 이제 하면 어떻게 하나? 좀 일찍 이야기했더라면 엄청나게 용기를 내고 힘을 내어 설교했을 텐데, 안타깝다' 라고 생각을 하기도 했습니다.

하나님의 백성은 힘없고 돈이 없어도 입에 향기가 있습니다. 그 입의 향기가 독사의 독을 빨아내고 죽어가는 사람을 살리는 것입니다.

2. 동네 사람들의 반응

예수님께서 사마리아의 수가성 우물가에서 한 여인을 전도했을 때 그 여자는 물동이를 버려두고 성안으로 들어가서 "내가 메시야를 만났다"라고 전하면서 "메시야는 내가 살아온 과거를 다 아시더라"고 고백했습니다. 그랬더니 수가성 사람들이 몰려오기 시작했습니다. 그들은 예수님으로부터 하나님의 말씀을 듣고 예수님을 강청해서 그곳에서 하루 더 머무시게 하면서 이 달콤한 생명의 말씀을 들었습니다.

그런데 이런 일이 오래전에 솔로몬이 갔던 시골에서 일어났습니다. 사람들은 솔로몬의 설교를 듣고 몰려오기 시작했습니다. 그들은 솔로몬의 설교를 듣고 "이것은 진짜 향수이고 진짜 향기름이다"라고 하면서 좋아했습니다.

1:3, "네 기름이 향기로워 아름답고 네 이름이 쏟은 향기름 같으므로 처녀들이 너를 사랑하는구나"

중동 지방은 우리나라와 달라서 날씨가 아주 무덥습니다. 그런 데다 여자들은 모두 검은 색 옷을 입고 머리 두건까지 두르니까 목이나 겨드랑이 같은 데서 땀이 흘러 냄새가 나게 됩니다. 그래서 중동 지방 여자들은 거의 대개 목걸이같이 생긴 향낭을 차는데 이것이 몸에서 나는 땀 냄새를 제거해 주는 역할을 합니다. 그런데 사실 그 향냄새가 우리나라 사람들에게는 맞지 않기 때문에 그 냄새를 맡으면 별로 좋지 않게 느낄 수도 있습니다. 그러나 중동 사람들에게는 그런 냄새가 아주 좋은 냄새인 것 같습니다. 그래서 모든 여자들이 목에 향낭을 차고 다닙니다. 사우디의 부자들은 돈이 얼마나 많은지 우리가 상상할 수 없습니다. 그런 부자들의 부인들이 사용하는 향유는 정말 금이나 보석보다 훨씬 더 비쌀 것입니다.

그 시골 사람들이 솔로몬의 설교를 들었을 때 이미 그의 설교는 진품이라는 것을 알았습니다. 그래서 그들은 솔로몬의 기름은 진짜 정품이라는 것을 인정했습니다. 그의 기름은 향기롭고 아름답다고 했습니다. 즉 누구든지 솔로몬의 설교를 듣기만 하면 이 비싼 향기름을 바른 여인처럼 아름답고 향기로운 여성이 되는 것입니다.

또 "네 이름이 쏟은 향기름 같으므로"라고 했습니다. 이것이 바로 솔로몬의 브랜드였습니다. 솔로몬은 단 한 번도 엉터리 설교를 한 적이 없습니다. 솔로몬이 입을 열기만 하면 온 주위에 향유 냄새가 진동

했습니다. 솔로몬의 말씀은 바로 사람들로 하여금 자신을 찾게 하는 말씀이었습니다. 사람이 자기 자신을 사랑할 수 있으니까 얼마나 행복하겠습니까? 그래서 이 시골의 처녀들은 솔로몬이 말씀을 전하러 오기만 하면 난리가 났던 것입니다.

"처녀들이 너를 사랑하는구나"라고 했습니다. 처녀들이 가장 좋아하는 것은 명품 가방도 있을 것이고, 좋은 향수도 있을 것이고, 비싼 다이아몬드 반지나 목걸이도 있을 것입니다. 특히 외국에 출장 갔다 오는 남편이나 남자 친구가 비싼 향수 '샤넬 NO. 5'를 사다주면 아내나 애인들은 너무나도 좋아할 것입니다. 그러나 여성들만 향수를 좋아하는 것이 아닙니다. 남자들도 자기가 좋아하는 스킨이 있습니다. 그 스킨은 냄새가 엄청나게 좋은 스킨일 것입니다. "처녀들이 너를 사랑한다"는 것은 솔로몬이 인기가 있었다는 뜻도 되지만, 솔로몬이 가르치는 말씀을 사람들이 그렇게 좋아했다는 뜻입니다. 그래서 시골 처녀나 여인들은 솔로몬을 귀하게 생각했습니다.

3. 다같이 왕의 방으로 들어가자

그 시골 여자 중에서도 술람미 여인은 하나님의 말씀에 대한 호기심이 아주 많았습니다. 그래서 이 여인은 다른 사람들이 듣는 말씀 외에 솔로몬에게 개인적으로 묻고 싶었던 진리가 많았습니다. 그래서 술람미 여인이 하나님의 말씀에 대하여 비상한 관심을 가지고 물으니까, 솔로몬은 친절하게 다 대답을 해주었습니다. 아마 술람미 여인의 질문 중에는 다른 사람들은 듣지 말아야 할 개인적인 것들도 있었던 것 같습니다. 그래서 솔로몬은 술람미 여인을 자기 방으로 오라고 초대해서 여러 가지 개인적인 이야기들을 많이 해주고 개인적인 상담도 해주었던 것 같습니다. 그랬더니 온 동네 여인들이 솔로몬에게 개인적으로 물어볼 것이 있다고 하면서 우리도 솔로몬의 방으로 데리고 가 달라고 난리를 쳤습니다.

> 1:4, "왕이 나를 그의 방으로 이끌어 들이시니 너는 나를 인도하라 우리
> 가 너를 따라 달려가리라 우리가 너로 말미암아 기뻐하며 즐거워하니
> 네 사랑이 포도주보다 더 진함이라 처녀들이 너를 사랑함이 마땅하니
> 라"

솔로몬은 아무 눈치도 보지 않고 술람미 여인을 자기 방으로 데리고 가서 개인적인 이야기를 나누었습니다. 이런 일은 예루살렘에서는 불가능했습니다. 예루살렘 사람들은 전부 시기하고 질투했기 때문에 솔로몬이 어떤 여자를 방으로 데리고 갔다고 하면 난리가 났을 것입니다. 그러면 그 소문이 예루살렘에 쫙 퍼지면서 솔로몬이 어떤 여자와 무슨 관계가 있다는 식으로 사람들에게 알려졌을 것입니다. 그러나 시골 사람들은 순진해서 아직 그런 것을 몰랐습니다. 단지 솔로몬이 술람미 여인이 자꾸 물으니까 자기 집으로 데려가는 것을 보고 우리도 데려가 달라고 하면서 우리도 너를 따라서 달려가겠다고 말했던 것입니다. 얼마나 순수한 사람들인지 모릅니다.

그들은 벌써 솔로몬을 왕으로 부르고 있습니다. 여기서 왕이라는 말은 '우리 목자'라는 뜻입니다. 즉 우리가 아는 왕은 솔로몬밖에 없다는 뜻입니다.

언젠가 제가 전북대에서 사경회를 인도하는데 부흥이 일어났습니다. 학생들은 학교에서 하루 내내 설교 들은 것만 가지고 이야기했습니다. 그때 학생들이 얼마나 제가 있던 방으로 몰려오는지 여관 주인이 무슨 난리가 난 줄 알았다는 것입니다. 그런데 거기 참석했던 여학생들은 제 아내까지 납치(?)해 가서 신앙 이야기를 해달라고 조르는데, 제 아내가 그런 것을 해봤어야지요. 그렇지만 여학생들이 하도 조

르니까 제 아내는 두 시간 이상 힘들게 강의하고는 목이 다 쉬어서 돌아왔습니다. 그때 정말 은혜받은 전북대 학생들은 진국이었습니다.

"네 사랑이 포도주보다 더 진함이라"고 했습니다. 이제는 술람미 여인에게도 포도주 향기가 나기 시작했습니다. 그래서 술람미 여인은 시골 처녀들에게 사랑을 받게 되었습니다. 이것은 시골 처녀들이 술람미 여인의 가치를 알아주기 시작했다는 뜻입니다.

우리는 때때로 의외의 곳에서 하나님을 만날 수 있습니다. 우리는 하나님을 만나야 자기를 찾을 수 있습니다. 자기를 찾지 못한 사람은 미친 사람이고 치매 환자입니다. 우리가 자신을 찾으면 그 가치가 급상승하게 됩니다. 생각지도 못한 의외의 곳에서 하나님을 만나시기를 바랍니다. 그리고 자기 자신을 찾으시기 바랍니다.

02

비록 검으나 아름다우니

아 1:5-8

여름에 바닷가에 가보면 얼굴이나 상체는 햇볕에 그을려서 새카 만데 몸은 근육질이고 멋있게 생긴 사람들이 있습니다. 이들은 인명 구조대원들입니다. 그들은 여름 내내 바닷가에서 물에 빠진 사람 구 하고 찾느라고 얼굴과 몸은 시커멓게 탔지만 사실 그들은 멋있게 생 기고 수영도 매우 잘하는 인명구조대원인 것입니다.

대개 사람들은 얼굴이 희고 날씬하게 생기면 아름답다고 생각합 니다. 그러나 우리 주위에 정말 얼굴은 검지만 아름다운 사람들이 있 습니다. 대표적인 사람들이 불을 끄는 소방대원들입니다. 소방대원은 불이 나면 불을 끄러 건물 안에 들어가기 때문에 그을음이 얼굴에 붙 어서 얼굴이 새카맣게 됩니다. 그러나 소방대원들이 불 속에서 사람 을 살려내거나 아기를 살려서 안고 나올 때는 그 새카매진 얼굴로 하 얀 이를 보이며 당당하게 불붙은 건물에서 나오는 모습을 보게 됩니 다. 이들은 얼굴은 검지만 정말 아름다운 사람들입니다.

그리고 우리는 무조건 피부색이 희고 깨끗한 옷만 입었다고 해서 아름다운 것이 아니라는 사실을 알 필요가 있습니다. 의사나 간호사는 수술하는 중에 환자의 피가 튀어서 가운에 피가 흥건하게 묻을 수 있지만, 사람을 살리기 위해서 수술하는 그들은 아름다운 사람입니다. 이 세상에서 자기의 일을 열심히 하는 사람들은 모두 아름답고 귀한 사람들입니다. 거기서 한 걸음 더 나아가서 자기 일을 통해서 다른 사람의 생명을 살릴 수 있다면 아무리 얼굴에 얼룩이 묻고 피가 튀었다 해도 그 사람은 아름다운 사람입니다.

술람미 여인은 원래 얼굴이 검은 여자가 아니었습니다. 얼굴이 희고 아름답게 생긴 여자였습니다. 그러나 그의 오빠들이 무슨 일인지 이 여동생을 싫어해서 집에서 쫓아내어 포도원지기 일을 하게 했습니다. 그래서 술람미 여인은 온종일 햇빛에 돌아다니다가 얼굴이 시커멓게 타게 되었고, 그 결과 옛날보다 더 보기 싫은 여자가 되었습니다. 그런데 언제부터인가 이 술람미 여인의 마음속에서는 무슨 변화가 일어나고 있었습니다. 이것이 술람미 여인으로 하여금 자기가 아름답다고 느끼도록 만들었습니다. 술람미 여인의 마음속에 일어난 변화, 그것이 과연 무엇이었을까요?

1. 술람미 여인의 변화

1:5, "예루살렘 딸들아 내가 비록 검으나 아름다우니 게달의 장막 같을지라도 솔로몬의 휘장과도 같구나"

여기서 술람미 여인은 모순된 비유를 사용하고 있습니다. 즉 자기는 비록 외모는 검지만 아름답다고 말을 합니다. 술람미 여인의 외모는 마치 유목민의 장막같이 시커멓고 볼품이 없었습니다. 그러나 술람미 여인의 마음속은 세상에서 가장 아름다운 솔로몬의 휘장보다 더 아름답다고 했습니다.

술람미 여인의 집은 포도원을 가진 것을 보니 가난하지는 않았던 것 같습니다. 그리고 술람미 여인이 나중에 정말 아름답게 변한 것을 보면, 그녀는 처음에 못생기지도 않았던 것 같습니다. 아마도 다른 여자아이들과 마찬가지로 집에 있으면서 얼굴도 하얗고 예쁘게 생긴 여자아이였던 것 같습니다. 그러나 술람미 여인에게는 풀리지 않는 숙제가 있었습니다. 그것은 바로 '내가 누구인가?' 하는 것이었습니다. '나는 무엇을 위해서 살며, 나는 왜 살아야 하는가?' 하는 인생의 문제가 그녀에게 풀리지 않는 숙제였습니다. 술람미 여인에게는 부모와 오빠들도 있었는데, 술람미 여인이 품고 있는 그런 점이 그들의 마음에 들지 않았습니다. 여자면 여자답게 남편에게 순종이나 하면서 살 생각을 해야지, 건방지게 '내가 누구인가?' 하는 것은 알아서 무엇하느냐 하는 식이었습니다. 그런 것은 세상을 살 만큼 다 산 늙은 사람들이나 생각하는 것이지, 젊은 사람들이 무슨 할 일이 없어서 그런 쓸데없는 생각을 하느냐는 것입니다. 젊은 사람들은 밖에 나가서 놀고 여자나 남자나 사귀고 얼굴이나 예쁘게 꾸미면 되는 것이지, 자기가 무슨 철학자가 된다고 그런 쓸데없는 생각을 하느냐고 하면서 미워했던 것입니다.

술람미 여인은 한번 사는 이 세상을 아무 의미도 없이 멋이나 부리면서 연애나 하면서 허비하고 싶지는 않았습니다. 아마 술람미 여인이 남자였으면 보따리를 싸서 인생의 의미를 가르쳐주는 선생을 찾아서 가출했을 것입니다. 그러나 술람미 여인에게 인생의 의미를 가르쳐주는 선생은 멀리 있지 않았습니다. 어느 날 술람미 여인이 동네 우물에 물을 길으러 갔더니 예루살렘에서 왔다는 멋있는 청년이 있었습니다. 그는 나이는 젊어 보였는데 우물가에 모인 여자들에게 너무 재미있는 이야기를 해주고 있었습니다. 그것은 바로 하나님의 이야기였습니다. 그 이야기를 해주는 사람은 바로 솔로몬이었습니다.

솔로몬은 나중에 예루살렘에서 왕이 된 후에도 예루살렘을 찾아오는 순례객들에게 하나님의 이야기를 들려주었습니다. 그는 무엇인가 찾고 있는 사람들에게 "헛되고 헛되며 헛되고 헛되니 모든 것이 헛되도다. 해 아래서 수고하는 모든 수고가 사람에게 무엇이 유익한가?" 하면서 이야기를 들려주기 시작했습니다. 나중에 솔로몬의 하나님 이야기는 얼마나 소문이 났던지 아프리카에 있는 에티오피아의 구스 왕국의 스바 여왕이 8톤의 금을 낙타에 싣고 와서 들을 정도였습니다. 그때 스바 여왕이 한 말은 한마디로 놀랍다는 것이었습니다. 나중에 스바 여왕은 자기가 솔로몬에게 들었던 소문이 조금도 과장되지 않았다고 고백했습니다(왕상 10:1-10).

그런데 술람미 여인은 자기가 사는 마을에 그 솔로몬이 오는 바람에 그의 설교를 들을 수 있었습니다. 술람미 여인이 솔로몬에게 가장 먼저 들었던 이야기가 무엇이었을까요? 그것은 바로 하나님의 사랑 이야기였습니다. 아주 오래전부터 하나님께서 너를 사랑하셨고 너는 하나님의 사랑을 받을 자격이 있다는 이야기였습니다.

사람들이 이 세상에서 갈급해하는 것은 누군가의 사랑을 받지 못해서 그런 것입니다. 물론 부모도 사랑해주시고 남편이나 아내도 사랑해주지만 그 사랑은 너무 약해서 자기 자신을 찾을 수 없습니다. 그러나 하나님의 사랑은 얼마나 강력한 사랑인지 나를 전율시키는 사랑입니다. 사람들은 하나님의 사랑을 받지 못하기 때문에 술을 많이 마시고, 돈이나 재물을 많이 가지려고 합니다. 사람들은 하나님의 사랑을 받지 못하기 때문에 사람들의 인정을 받고 싶어 합니다. 어떤 사람은 아무리 성공하고 아무리 유명해져도 여전히 배가 고프다고 말을 합니다. 어떤 야구 감독은 여러 번 우승했는데도 여전히 우승에 배가 고프다고 했습니다. 어떤 기업가는 크게 성공했는데도 자신은 아직도 성공에 배가 고프다고 말합니다. 어떤 남자는 결혼하고서도 나중에 또 바람을 피웁니다. 왜냐하면 그는 사랑에 배가 고프기 때문입니다.

인간이라는 동물은 도대체 만족이라는 것을 알지 못합니다. 그 이유가 무엇일까요? 그것은 하나님의 사랑을 받지 못했기 때문입니다. 우리 인간은 하나님의 사랑을 받지 못하면 영원히 목마른 존재입니다. 그런데 하나님의 사랑은 우리를 전율하게 만듭니다. 우리는 하나님이 나를 사랑하신다는 말을 들을 때 우리 안에 있던 모든 갈증이 다 사라져 버립니다. 왜냐하면 그동안 우리 속을 채우고 있던 모든 쓰레기는 사라지고 하나님의 깨끗하고 시원한 생수의 샘이 터지기 때문입니다. 그래서 예수님은 "나를 믿는 자는 영원히 목마르지 아니하리니 그는 내가 주는 물은 그 배에서 영원토록 솟아나는 샘물이 되리라"(요 4:13-14)라고 말씀하셨습니다.

술람미 여인은 자기가 누군가의 사랑에 굶주려 있다는 것을 비교적 일찍 느꼈던 것 같습니다. 그래서 다른 친구들은 꽃을 따러 가고 오빠들은 연애하러 가고 세상의 재미로 만족할 때도 자신은 만족할 수 없었습니다. 우리가 공부할 때도 그렇습니다. 바로 이런 갈증을 느끼면 이 세상의 어떤 공부도 마음에 들지 않습니다. 그리고 어떤 직장이나 어떤 일도 만족스럽지 않습니다.

술람미 여인이 우연히 우물에 물을 길으러 갔다가 솔로몬에게 "하나님이 나를 사랑하신다"는 말을 처음 들었습니다. 그 말을 들었을 때 술람미 여인에게는 전율이 일어났습니다. 그리고 지금까지 살아오면서 겪었던 많은 갈등이나 어려움들이 전부 다 씻겨 나가면서 뱃속에서 하나님의 샘물이 터져 나오기 시작했습니다. 술람미 여인은 이제 더 이상 목마르지 않았습니다. 하나님이 나를 사랑하시는데 이 세상에 필요한 것이 무엇이 있겠습니까? 하나님이 나를 사랑하시는데 돈이 중요하겠습니까? 남자가 중요하겠습니까? 공부가 중요하겠습니까? 하나님이 나를 사랑하시면 더 이상 필요한 것이 없습니다. 우리가 하나님의 사랑을 알면 자기 자신의 가치를 알게 됩니다. 자기가 얼마나 소중한지 알게 되고 자기가 사랑받기 위해 태어났다는 사실을 알게 됩니다. 술람미 여인의 마음속에는 기쁨이 가득했습니다. 자신의 가치를 깨달은 그녀는 자기가 아름답다는 것을 깨달았습니다.

2. 가족들의 미움

    술람미 여인의 이 고백은 오늘의 고난받는 성도들의 모습을 잘 보여주고 있습니다. 성도들이 큰 어려움에 빠졌을 때 그의 외모는 볼품이 없습니다. 남자의 경우에 오래전에 입었던 양복을 찾아 입으니까 앞 단추가 잘 잠기지 않고 바지 밑단은 잘록합니다. 그리고 얼굴은 다이어트나 운동을 못하니까 살이 쪄서 훨씬 못생겨 보입니다. 여성의 경우에도 돈이 없으니까 새 옷을 사 입지 못해서 촌스럽습니다. 그리고 비싼 미장원에 가서 머리를 하지 못하니까 늘 생머리를 해서 고무줄로 묶고 다닙니다. 얼굴에 좋은 화장품도 바르지 못하니 그야말로 볼품이 없습니다. 그리고 가난한 동네에 오래된 집에서 사니까 겨울에는 춥고 여름에는 덥습니다. 그런데 이렇게 고생하는 성도들이 성경을 읽으니까 성경의 말씀이 살아있는 것 같습니다. 또 설교 말씀을 들으니까 마음속에 있는 상처가 치유되면서 얼굴에는 기쁨의 눈물이 흐릅니다. 그는 가진 재물이 없습니다. 그러나 그의 내면은 말없이 아름답다는 것을 자기 자신이 알게 됩니다.

    아마도 술람미 여인은 하나님 사랑의 생수를 마신 후부터는 한 번도 빠지지 않고 솔로몬이 설교할 때마다 와서 하나님 이야기를 들었던 것 같습니다. 왜냐하면 그 말씀은 생명이요, 양식이었기 때문입니다. 그러나 이때부터 술람미 여인과 가족들 사이는 틀어지기 시작했습니다. 부모나 오빠들은 술람미 여인이 한 번씩 우물에 가서 물을 길어오는 것을 뭐라고 할 생각이 없었지만 그들이 보기에 너무 지나친 것이 문제였습니다. 술람미 여인은 거의 매일 우물에 갔습니다. 왜냐하면 언제 어느 날 솔로몬이 올지 몰랐기 때문입니다. 그리고 우물가에 갔는데 솔로몬이 오지 않으면 술람미 여인이 솔로몬을 대신해서 다른 여자들에게 이야기를 했던 것입니다. 그러니 술람미 여인은 자기를 솔로몬의 조수라고 생각했습니다.

그래서 술람미 여인의 부모나 오빠들이 보기에는 무엇에 빠진 것 같았고 어떻게 보면 광신자 같았습니다. 어떤 때는 울기도 하고 어떤 때는 웃기도 하고 어떤 때는 밥도 먹지 않고 기도하기도 하고 밤에도 밖에 나가서 찬송하고 기도하니까 너무 심하다고 생각했습니다. 그래서 술람미 여인의 부모와 오라비들은 술람미 여인을 묶어놓기 위해서 포도원을 관리하게 했던 것입니다. 그러면 포도원에서 해야 할 일이 바빠서 더 이상 솔로몬에게 가지 못하리라고 생각했습니다.

> 1:6, "내가 햇볕에 쬐어서 거무스름할지라도 흘겨보지 말 것은 내 어머니의 아들들이 나에게 노하여 포도원지기로 삼았음이라 나의 포도원을 내가 지키지 못하였구나"

이미 술람미 여인은 포도원지기를 하기 전에도 햇볕에 뛰어다니느라고 얼굴이 많이 그을렀습니다. 그래서 여자들은 술람미 여인을 볼 때 눈을 흘겨서 보았다고 했습니다. 요즘 말로 표현하면, 어디서 필리핀 여자가 여기 왔나 생각했던 모양입니다. 어떤 자매가 얼굴은 아름답고 영성은 아주 훌륭하지만 얼굴 피부가 조금 검었습니다. 그래서 주위 사람들은 자기를 필리핀 여자가 국제결혼을 해서 한국에 온 줄 안다고 했습니다. 그 자매는 말하는 것이 너무 재미있었는데 처음 부흥회 말씀을 듣고 사람들이 어떠했느냐고 물으니까 "우리 모두 뽕 맞은 것 같았어요"라고 대답했습니다. 그것은 설교를 듣고 몸이 부웅 뜨는 것 같은데 마약 맞은 것 같았다는 뜻입니다.

술람미 여인의 오라비들은 술람미 여인을 미워했습니다. 왜냐하면 술람미 여인의 신앙 열심이 너무 지나치다고 생각했기 때문입니다. 그런데 여기에 보면 "내 어머니의 아들들"이라고 했습니다. 대개 이런 표현은 배다른 형제들에게 쓰는 표현인데, 친오빠들인데도 남이나 마찬가지였다는 뜻입니다. 오라비들은 타인보다 더 술람미 여인을 이해하지 못했던 것입니다. 우물가에 있는 여인들은 술람미 여인을 이해했는데 가족들은 그녀를 이해하지 못했습니다. 왜냐하면 하나님의 사랑은 우리를 미치게 하는 능력을 가졌기 때문입니다. 제대로 한번 하나님의 사랑을 받으면 사람은 미쳐버리기 때문에 이 세상에 더 원하는 것이 없습니다. 돈도, 명예도, 공부도 필요 없습니다. 그래서 학생들은 은혜받기 전에 공부를 해 놓아야 합니다. 왜냐하면 한번 은혜받으면 공부로 만족을 못하기 때문입니다.

그래서 술람미 여인은 자기가 포도원을 잘 지키지 못했다고 말하고 있습니다. 왜냐하면 포도원에 붙어서 포도 가지도 치고 거름도 주어야 하는데 맨날 울타리 문을 닫아 놓고 솔로몬의 설교를 들으러 가니까 아무래도 포도원 관리가 잘 안 되었기 때문입니다. 사실 포도원은 이스라엘 사람들에게 돈을 벌어다 주는 주요 농사였습니다. 그런데 술람미 여인에게는 포도 농사나 돈 버는 것보다 솔로몬의 하나님 이야기가 더 중요했습니다.

3. 솔로몬이 있는 곳

술람미 여인은 한두 번 솔로몬의 설교를 들어서 만족할 수 없었습니다. 왜냐하면 솔로몬의 설교를 들으면 들을수록 하나님의 말씀에 갈증이 생겼기 때문입니다. 그래서 술람미 여인은 솔로몬이 올 때마다 말씀을 들을 것이 아니라, 차라리 자기가 솔로몬을 찾아가서 정오 쉬는 때나 짬이 날 때에 그의 설교를 더 듣기를 원했습니다. 다윗은 "하나님이여 사슴이 시냇물을 찾기에 갈급함 같이 내 영혼이 주를 찾기에 갈급하니이다"(시 42:1)라고 노래했습니다. 사슴은 피가 더운 동물이기 때문에 더우면 목이 마릅니다. 그런데 사슴이 목이 마른 데 물을 마시지 못하면 이상한 소리를 지르면서 물 냄새를 맡고 시냇물이 있는 곳을 향해서 달려갑니다. 이와 마찬가지로 우리가 하나님의 말씀을 들으면 한 편으로는 가슴이 시원해지면서 다른 한편으로는 더 깊은 하나님의 말씀을 알고 싶다는 욕망이 생기게 됩니다.

1:7, "내 마음으로 사랑하는 자야 네가 양 치는 곳과 정오에 쉬게 하는 곳을 내게 말하라 내가 네 친구의 양 떼 곁에서 어찌 얼굴을 가린 자 같이 되랴"

이제 술람미 여인에게 포도원은 중요하지 않았습니다. 술람미 여인은 솔로몬이 양을 치는 곳에 직접 가서 하나님의 말씀을 듣기를 원했습니다. 특히 다른 시간에는 솔로몬이 양을 치면서 이야기해야 하기 때문에 말이 끊어질 수 있지만, 정오 쉬는 시간에는 끊임없이 그의 말씀을 들을 수 있었습니다. 그러나 목자들은 양 떼를 데리고 계속 이동해야 하므로 솔로몬도 "내가 어느 곳에 있다"고 말할 수는 없었습니다. 그래서 술람미 여인이 솔로몬을 찾으러 몇 번 가보았는데, 그의 친구들은 있었지만 솔로몬은 만나지 못했습니다. 솔로몬의 친구들은 모르는 사람들이니까 얼굴을 천으로 가리고 앉아 있으니까 꼭 창녀 같은 기분이 들었던 것입니다.

솔로몬은 드디어 술람미 여인에게 자기를 찾아올 수 있는 방법을 가르쳐주었습니다.

1:8, "여인 중에 어여쁜 자야 네가 알지 못하겠거든 양 떼의 발자취를 따라 목자들의 장막 곁에서 너의 염소 새끼를 먹일지니라"

솔로몬은 이미 술람미 여인이 아름다운 여자라는 것을 인정했습니다. 그 여인은 하나님의 말씀에 대하여 뜨거운 열정을 가지고 있었기 때문에 어느 누구보다 아름다웠습니다. 특히 술람미 여인의 열심은 따라올 사람이 없었습니다. 그 여인은 하나님 말씀의 가치를 알고 있었습니다. 술람미 여인은 다른 사람이 듣는 쉬운 설교보다는 깊은 하나님의 진리를 더 배우기 원했습니다.

솔로몬을 찾는 비결은 양 떼의 발자국을 찾는 것입니다. 솔로몬의 양 떼는 많았기 때문에 풀밭이나 길에서 쉽게 찾을 수 있었고, 그 양의 발자국을 따라오면 자기를 만날 수 있다고 했습니다. 왜냐하면 목자는 항상 양들과 함께 있기 때문입니다. 그래도 혹시 솔로몬이 없으면 목자들의 장막 곁에서 너의 염소를 치라고 했습니다. 염소는 양같이 늘 지키고 있어야 하는 것은 아니기 때문에 너는 곧 깊이 있는 하나님의 말씀을 들을 수 있을 것이라고 말해줍니다. 그리고 염소를 치니까 더 이상 목동들이 이상하게 생각해서 집적거리지 않을 것이라고 했습니다.

우리가 은혜받은 것이 다른 사람들의 눈에는 미친 것처럼 보일 수 있습니다. 우리는 때때로 은혜받고 난 후에 세상 아무 일도 마음에 들지 않아서 인생의 목표가 사라질 때도 있습니다. 때때로 우리는 돈이 없어서 외모가 아주 못 생겨질 수도 있습니다. 그때 우리가 할 수 있는 말이 "내가 비록 검으나 아름다우니"라는 말입니다. 그러면 우리는 정말 내 자신을 찾은 것이고 내 속에는 성령의 생수가 터져 나오게 됩니다. 우리는 세상 다른 것보다 하나님의 깊은 진리를 더 알기 원합니다. 우리는 하나님의 사랑으로 만족할 수 있습니다. 그러나 하나님은 우리를 더 큰 축복으로 인도하십니다.

03

바로의 준마

아 1:9-17

보통 우리는 말이라면 다 똑같은 줄 알지만, 말은 정말 종류가 많습니다. 말 중에는 옛날 수레를 끄는 짐말도 있고, 아주 덩치가 작은 조랑말도 있습니다. 영국의 왕실 경호원들이 타는 멋진 말이 있는가 하면, 경기장에서 달리기 경기를 하는 경주마도 있습니다. 대개 제주도나 일본 관광지에서 돈을 받고 관광객들을 태우고 마당 한 바퀴 도는 말들은 전부 늙은 말입니다. 그런데 아주 좋은 말은 한 마리에 수십억 원 할 정도로 비쌉니다. 성경 시대에 말 중에서 최고로 좋은 말은 애굽의 말이었습니다. 그리고 그중에서도 최고 좋은 말은 애굽 왕 바로의 병거를 끄는 말이었습니다.

중국의 유명한 기업 '알리바바'의 회장 마윈은 얼마나 못생겼는지 사람들은 그를 보고 허수아비 위에다 텔레비전 하나 올려놓은 것 같다고 놀렸습니다. 그의 얼굴은 딱 네모나게 생겼습니다. 그는 공부도 잘하지 못해서 초등학교도 8년을 다녔고, 중학교에서도 낙제했습니다. 또 대학 입시에 삼수를 했고, 세 번째도 떨어졌는데 누군가가 등록을 하지 않는 바람에 후보로 겨우 붙었습니다. 그는 많은 회사에 이력서를 내었지만 다 떨어졌습니다. 그는 경찰이 되려고 지원했는데 일곱 명 중 여섯 명은 붙고 자기만 떨어졌다고 합니다. 또 하버드대학에서 공부하고 싶어서 10년 동안 원서를 냈지만 다 떨어졌습니다. 그러나 그는 전자상거래 즉 인터넷 거래를 시도해서 성공했고 중국에서 세계적인 기업 알리바바의 회장이 되었습니다. 그의 재산은 한 오십 조 정도 된다고 합니다. 마윈은 조랑말도 되지 못하는 줄 알았는데 그는 어느새 준마가 되어 있었습니다.

우리 교회의 한 은퇴 장로님은 어렸을 때 집이 너무 가난해서 어려서부터 어떤 직장에서 급사 일을 했습니다. 그러다가 공부해야겠다고 각오하고 기차를 타고 통학하며 야간고등학교를 다녔습니다. 그리고 경북대를 졸업하고 미국의 좋은 대학에 유학 가서 기계공학으로 박사 학위를 받고 교수가 되셨습니다. 이분은 키도 크고 테니스도 잘 치셨는데, 나중에 아주 예쁜 오르간 반주자와 결혼도 하셨습니다. 그리고 복음에 열정도 있어서 교환교수로 있을 때, 그 집에서 케임브리지 한인 교회를 시작했다고 합니다. 그리고 나이 들어서는 캄보디아 어느 대학교에 부부가 선교사로 가서 대학생들을 가르치기도 하셨습니다. 그 장로님은 처음에는 조랑말인 것 같았는데 나중에 보니까 바로의 준마였던 것입니다.

솔로몬은 귀양 간 것은 아니지만 형들의 시기 때문에 왕궁을 피하여 시골에 가서 양치기를 했습니다. 솔로몬은 그 시골에서 시간이 날 때마다 우물이나 동네 나무 밑에 가서 아기 업은 아주머니나 처녀나 어린아이들에게 하나님의 말씀을 이야기하곤 했는데, 그때 하나님의 말씀에 비상한 관심을 가지고 있는 처녀가 한 사람 있었습니다. 물론이 처녀는 순전한 시골 처녀였고 볼품이 하나도 없고 얼굴은 시커멓게 탄 모습이었습니다. 그런데 이 처녀는 솔로몬의 설교를 들으면서 본인도 모르고 솔로몬도 모르는 가운데 아름답게 변하고 있었습니다. 이 처녀는 단정해지고, 얼굴도 꽃이 피듯이 아름다워지고, 그의 눈은 더 총명해지고 있었습니다.

솔로몬이 어느 날 보니까 그 처녀가 있는 것과 없는 것에는 너무 큰 차이가 있었습니다. 그 처녀가 있을 때는 모임에 향기가 가득한 것 같았는데 그 처녀가 없으니까 그렇게 썰렁할 수 없고 자신의 설교에도 힘이 들어가지 않았습니다. 그때 솔로몬은 이 처녀가 몰약 주머니 같고 향유와 같다는 것을 깨닫게 되었습니다.

1. 술람미 여인의 변화

나이가 들면서 점점 추해지는 사람들이 많이 있습니다. 남자 같은 경우에 고등학교 다닐 때는 착실하고 아주 착했는데, 군대 갔다 오고 장사나 사업을 한다고 하면서 술담배를 하다 보면 나중에 만났을 때 옛날 그 친구가 아닌 경우를 종종 보게 됩니다. 친구가 너무 나쁘게 변해서 입만 벌리면 욕을 하고 거짓말 잘하고 오래전 일을 들추어내서 따지고, 배는 나오고 눈은 게슴츠레한 것이 도저히 옛날 그 친구가 아닙니다. 그래서 더 이상 만나고 싶지 않은 사람이 되어 있습니다. 여자 경우에도 옛날 학교 다닐 때는 서로 떨어지면 못살 정도로 친해서 화장실에 갈 때도 꼭 손잡고 같이 가던 친구였는데, 나중에 결혼하고 보니까 너무 세상에 물들어서 입만 열면 돈과 자녀들의 성적 이야기를 하고 명품만 자랑하는 것을 볼 때 '얘도 너무 변했구나'라는 생각이 들게 됩니다.

그런데 이상하게 예수 믿고 말씀을 듣는 사람은 이십 년, 삼십 년 지난 후에 만나도 더 신선해져 있고 더 성숙해져 있고 더 멋있어져 있는 것을 볼 때가 많습니다. 그래서 어떤 분은 "삼십 년 전과 하나도 변한 것이 없어요"라고 하는 말을 듣기도 하고, 여자들은 너무 아름다워지고 날씬해지고 건강해져서 나이가 들었지만 옛날보다 더 젊어진 모습을 보게 됩니다. 저는 우리 교인들의 몇십 년 전의 사진과 최근의 얼굴 모습을 비교해보면 지금이 훨씬 더 젊어지고 아름답다고 느낍니다. 그 이유는 우리 성도들은 하나님의 말씀을 통해서 자신을 찾았고 인생의 의미를 알았기 때문이라고 생각합니다.

술람미 여인은 그야말로 촌닭이었습니다. 특히 그녀는 오라비들 사이에서 컸기 때문에 성격이 남자처럼 거칠었던 것 같습니다. 그의 머리털은 수세미같이 헝클어져 있었고, 옷도 아무렇게나 입고 부끄럼이라는 것도 몰랐습니다. 남자들과도 예사로 싸움질하고 돌도 던질 정도로 괄괄한 성격이었고 정말 아름다운 구석이라고는 하나도 없는 촌스러운 여자였습니다.

그런데 이 여자가 솔로몬의 설교를 들어가면서 변하기 시작했습니다. 자신은 하나님의 사랑을 받는 여자라는 것을 알았습니다. 그래서 이 여자는 머리를 빗기 시작했습니다. 그리고 욕을 하거나 남자들에게 돌을 던지지 않고 얌전해지게 되었습니다. 그리고 성격도 아주 시원시원하고 행동도 아주 민첩해서 꼭 해야 할 일이 있으면 누가 하라고 하기도 전에 순식간에 해치워 버렸습니다. 그래서 어느 날 솔로몬은 이 여자가 처음에 자기가 만났던 여자가 아니라는 것을 불현듯 느끼게 되었습니다. 이 여자는 너무나도 아름답게 변해 있었고 민첩해져 있었습니다. 즉 바로의 준마가 되어 있었던 것입니다.

1:9, "내 사랑아 내가 너를 바로의 병거의 준마에 비하였구나"

술람미 여인은 유학한 것도 아니고 서울에 있는 여자대학을 다닌 것도 아니고 그 여자가 들은 것은 하나님의 말씀밖에 없는데 어느 순간 최고로 아름다운 여자로 변해 있었습니다. 그녀는 바로의 준마가 되어 있었습니다. 바로의 준마는 말들 중에서는 가장 늘씬하고 아름답게 생긴 말이고, 가장 잘 달리고 지혜로운 말이었습니다. 뒤에 병거를 달고 달려도 다른 말들이 따라올 수 없었습니다.

남자들은 고등학교를 졸업하고 대학에 다녀도 자기 자신을 잘 찾지 못합니다. 그래서 술을 마시기도 하고 담배도 피우고 당구장에 가서 시간을 보내든지 아니면 친구들과 밤새 술을 마시고 헛소리를 하면서 지냅니다. 그러다가 중간고사나 기말고사 때가 되면 화다닥 벼락치기로 공부해서 시험을 치고 학점을 받습니다. 그렇게 한두 해 실컷 방황하다가 어느 친구의 전도를 받고는 예수님 앞에 무릎을 꿇고 기도를 합니다. "하나님, 지금까지 잘난 체하면서 산 것 전부 다 죄입니다. 저는 죄인입니다. 저를 용서해 주십시오."라고 기도합니다. 그리고 하나님이 나를 사랑하신다는 것이 믿어집니다. 그래서 그동안 피우던 담배를 담뱃갑 채 구겨서 쓰레기통에 버리고 그동안 혼자나 친구와 마시려고 보관하고 있었던 술을 병째로 버립니다. 그리고 그 후로부터는 머리도 단정해지고 옷도 단정해집니다. 그리고 쓸데없는 시간을 허비하지 않고 학생이면 공부를 열심히 합니다. 그래서 장학생도 되고 우등생도 됩니다. 후에 이 사람은 교회에서도 열심히 봉사해서 교사도 되고 성가대도 하고 부서의 부장도 합니다.

나중에 친구들이 이 사람을 만나보면 너무나도 변해 있는 모습을 발견하게 됩니다. 이 사람은 말도 아주 고상하게 하고 무엇인가 필요한 것이 있으면 민첩하게 행동하고 어떤 장애가 있어도 쉽게 뛰어넘어버립니다. 그리고 어느 순간 세상적으로도 인정 받아서 무슨 상을 받기도 하고 더 높은 자리로 승진을 하기도 합니다. 이것이 바로 바로의 준마입니다.

솔로몬은 술람미 여인이 벌써 옛날과는 달라진 모습을 발견했습니다.

1:10, "네 두 뺨은 땋은 머리털로, 네 목은 구슬 꿰미로 아름답구나"

아마도 술람미 여인의 머리는 남자같이 뻗친 머리였던 것 같습니다. 머리를 빗지도 않고 여기저기가 삐죽삐죽 한 채로 돌아다녔던 것 같습니다. 그런데 술람미 여인은 하나님의 말씀을 듣고는 자기가 정말 고상하다는 것을 깨닫게 되었습니다. 그래서 술람미 여인은 하나님의 말씀을 들을 때는 물론이고 다른 때도 머리를 단정히 빗고 심지어는 머리를 정성껏 땋아서 단정하게 다녔습니다. 솔로몬은 술람미 여인이 은혜를 받았을 때 머리 스타일부터 달라지는 것을 보았습니다. 하나님의 말씀은 우리를 아름답게 변화시킵니다. 여인들은 사랑하면 아름다워진다고 하는데, 여인들이 진짜 아름다워지는 것은 하나님의 말씀을 듣고 은혜받았을 때입니다.

그리고 술람미 여인은 목에도 구슬꿰미 목걸이를 달고 있었습니다. 아마 이 목걸이는 옛날에 쓰던 것이었는데 유치하다고 해서 사용하지 않았던 것 같습니다. 그러나 이 여인은 하나님의 말씀을 들을 때에는 가장 아름다운 모습을 하고 싶었습니다. 그래서 비록 구슬꿰미이지만 목걸이를 하고 하나님의 말씀을 들으러 갔습니다. 그러나 이것이 솔로몬의 눈에는 금목걸이보다 더 가치 있고 아름답게 보였습니다.

1:11, "우리가 너를 위하여 금 사슬에 은을 박아 만들리라"

솔로몬이 보기에 술람미 여인의 가치는 구슬꿰미로는 더 이상 어울리지 않았습니다. 술람미 여인의 목은 그 당시 가장 아름다운 금 사슬에다가 은을 박아 넣은 최고로 비싼 목걸이가 아주 어울릴 정도로 고상한 목이었습니다. 이 여인의 목은 꼿꼿하면서도 당당하고 아름다웠습니다. 이런 여인의 목이라면 세상에서 가장 비싼 목걸이를 해도 부족할 것입니다.

아마 술람미 여인 자신도 자기가 이렇게 멋있게 변했다는 것을 잘 몰랐을 것입니다. 그러나 솔로몬이 어느 날 이 여인을 보니까 눈에 딱 띄는데 너무나도 아름답게 변해 있는 모습을 발견하게 되었습니다.

2. 술람미 여인의 자신감

술람미 여인은 다른 사람들 앞에서 충분히 자기표현을 하지 못했던 것 같습니다. 왜냐하면 오빠들만 사는 집에서 고상한 남자를 만나본 적이 없기 때문입니다. 그래서 술람미 여인은 외부인을 만나면 주눅이 들어서 아무 소리도 하지 못했던 것 같습니다. 그러나 이제 술람미 여인은 마치 말 못하던 사람에게 말문이 터지듯이 자신감이 생기기 시작했습니다.

1:12, "왕이 침상에 앉았을 때에 나의 나도 기름이 향기를 뿜어냈구나"

솔로몬은 이 시골 여인들에게는 왕이었습니다. 왜냐하면 그는 이들에게 하나님의 말씀으로 삶을 인도하는 목자였기 때문입니다. 술람미 여인은 외부인들 앞에서는 한 번도 자기 이야기를 하지 못했습니다. 외부인이 주로 하는 이야기는 세상 이야기이고 세상에서 성공한 이야기인데, 술람미 여인은 자랑할 것이 아무것도 없었기 때문입니다. 아마 술람미 여인은 지금까지 고생한 것밖에 없을 것입니다. 그녀는 동네 아이들과도 잘 어울리지 못했고 가족 중에서도 따돌림을 받았고 바보 취급 받을 때가 많았습니다. 그런데 다른 사람들을 만나면 전부 자기 잘난 이야기나 하고 성공한 이야기만 하니까 술람미 여인은 아무것도 할 말이 없었습니다. 그리고 그런 이야기를 들을 때마다 마음에 상처만 받았습니다.

교인 중에도 은혜받고 아름답게 변한 사람들은 모두 고난을 통과

한 사람들입니다. 암에 걸려서 치료받기도 하고 집에 불이 나기도 하고 남편이 돌아가기도 하고 직장을 잃어서 가난하게 살기도 했습니다. 그런데 친구들이 만나자고 해서 나가보면 비싼 오천 원짜리 커피를 시켜놓고는 남편이 성공한 것이나 자녀들이 공부 잘하는 것, 자기들이 성공한 것 등이나 이야기하니까 그들과 할 말이 없습니다. 그래서 입을 꾹 다물고 듣기만 하고 오는데 속에서 자기가 바보 같다는 생각이 너무나도 많이 들게 됩니다.

그런데 고난에 대하여 잘 아는 사람을 만나게 될 때가 있습니다. 솔로몬은 왕자였지만 형들로부터 많은 미움을 받았습니다. 그러니까 솔로몬은 술람미 여인이 하는 말을 들을 준비가 되어 있는 것입니다. 이 두 사람은 너무나도 이야기할 것이 많았습니다. 왜냐하면 고난이 현재의 나를 만들었고 고난이 자신들의 삶이었기 때문입니다.

그래서 술람미 여인이 솔로몬 앞에서는 "나도 기름이 향기를 뿜어내었다"고 말하고 있습니다. 술람미 여인은 솔로몬 앞에서는 자신감이 생겼고 이야기가 끊임없이 술술 나왔습니다. 왜냐하면 솔로몬은 고난에 대하여 많은 경험이 있었기 때문입니다. 솔로몬은 성도들의 고난받은 이야기를 듣기 좋아했습니다. 왜냐하면 그 이야기는 진짜 하나님이 하신 일이고 보석 같았기 때문입니다. 그래서 술람미 여인은 솔로몬 앞에서는 숨길 것 없이 자신을 과장할 필요 없이 자기 이야기를 한없이 했습니다.

이때 솔로몬은 이렇게 고백합니다.

1:13-14, "나의 사랑하는 자는 내 품 가운데 몰약 향주머니요 나의 사랑하는 자는 내게 엔게디 포도원의 고벨화 송이로구나"

중동 지방의 여자들은 몸에서 나는 땀 냄새를 없애기 위해서 가슴에 몰약이나 향기름 주머니를 달고 다닙니다. 솔로몬이 보기에 술람미 여인의 존재는 이 시골구석에서 모든 나쁜 냄새를 없애는 몰약 향주머니 같았습니다. 시골에는 풀 냄새도 나지만 좋지 않은 냄새도 많이 나는 법입니다. 재래식 화장실이 가까이 있으면 좋지 않은 냄새가 날 것이고, 또 잘 씻지 않으면 몸에서 냄새가 날 것입니다. 그리고 소나 양을 치면 또 짐승 냄새가 날 것입니다.

초기 외국 선교사들이 처음 한국에 왔을 때 가장 견디기 어려웠던 것은 냄새(smell)였다고 합니다. 특히 재래식 화장실 냄새가 견디기 어려웠다고 했는데, 더운 여름에 화장실에 앉아 있다가 나오면 완전히 오물 냄새에 절어서 나오게 됩니다. 그리고 조선 사람들은 군불이라는 것을 때었는데, 이때 연기가 방에 들어오면 눈을 뜰 수 없고 눈에서 눈물이 나오게 됩니다. 그리고 소리도 만만치 않았다고 했는데, 동네에서 자주 굿을 하니까 밤새도록 징을 치면서 "비나이다, 비나이다" 하면서 손을 비볐습니다. 또 선교사들이 어디에 가든지 개들이 보고 이상하니까 짖어대었다고 합니다. 게다가 마을 사람들은 서로 멱살을 잡고 싸우든지 여자들은 머리카락을 잡고 소리를 지르면서 싸웠습니다.

그런데 술람미 여인의 교양 있는 모습은 솔로몬이 시골에서 겪는 그 모든 냄새나 소리를 말끔하게 없애버리는 향주머니와 같았습니다. 술람미 여인의 은혜 받은 모습은 시골의 모든 악취나 소음이나 불편을 다 흡수하는 향기였습니다.

여기서 처음으로 술람미 여인과 솔로몬이 만났던 장소가 나옵니다. 그곳은 바로 '엔게디' 입니다. 엔게디는 사해에서 서쪽 예루살렘 쪽으로 붙은 곳입니다. 사실 그곳은 볼품없는 지방이었지만 때가 되면 고벨화라는 야생화가 온 들판에 피는 것이 특징이었습니다. 고벨화는 주로 여리고와 엔게디에서만 자란다고 하는데, 꽃이 라일락같이 뭉쳐서 피는 데다가 꽃이 아름답고 향기가 아주 진하다고 합니다. 이 야생화의 일종인 고벨화의 꽃 냄새가 얼마나 좋은지 온 들판에 향기가 진동한다고 합니다. 우리나라에도 유채화가 들판에 가득 핀 곳도 있고 여름이 되면 밤꽃이 피어서 들큼한 냄새가 나면서 여름이 온 것을 느끼게도 합니다.

술람미 여인은 가장 아름다운 향기 나는 들꽃과 같았습니다. 이것이 바로 술람미 여인이 솔로몬의 말씀을 듣고 변화된 모습이었습니다.

3. 비둘기 같은 눈

은혜받은 사람의 가장 큰 특징은 눈이 비둘기 같아지는 것입니다. 말씀이 없을 때는 화가 난 것 같거나 독이 있는 것 같은 눈을 가지게 되는데, 은혜를 받으면 눈이 순해지면서 너무나도 순해지는 모습을 볼 수 있습니다.

1:15, "내 사랑아 너는 어여쁘고 어여쁘다 네 눈이 비둘기 같구나"

사람을 쳐다볼 때는 서로의 눈을 봐야 합니다. 그러나 요즘은 간혹 다른 사람을 쳐다볼 때 위에서부터 아래로 훑어보는 사람도 있고 째려보는 사람도 있습니다. 어떤 사람은 다른 여자를 한번 쓱 훑어보고서는 견적이 다 나왔다고 합니다. 머리는 얼마짜리이고 얼굴은 어디서 성형했고 옷은 무슨 브랜드이고 가방은 얼마짜리이고 구두는 무슨 브랜드니까 전체 합하면 얼마 정도 된다는 식입니다.

사람의 눈은 많은 이야기를 해줍니다. 어떤 때는 슬픔을 이야기하고 어떤 때는 기쁨을 이야기하기도 합니다. 어떤 때는 간절한 눈빛도 있고 어떤 때는 경멸하는 눈빛도 있습니다. 분노에 찬 눈빛이 있는가 하면 동정하는 눈빛도 있습니다. 새 중에서도 독수리의 눈빛은 날카

롭습니다. 그래서 아무리 먼데 있어도 먹이가 있으면 쏜살같이 날아가서 먹잇감을 발톱으로 찍어서 잡아 옵니다. 독사의 눈도 무섭습니다. 특히 독사의 눈은 위에서 아래로 찢어져 있기 때문에 다른 짐승은 그 눈빛만 봐도 꼼짝 하지 못합니다. 부엉이의 눈은 동그래서 공부를 많이 하는 학자의 눈인 것 같지만 그렇지 않습니다. 부엉이도 밤에 쥐 잡는 데 명수입니다.

그런데 비둘기의 눈에는 악의가 전혀 없습니다. 비둘기의 눈은 상대를 공격하는 눈이 아닙니다. 그냥 자기 자신이 만족하는 눈입니다. 성도들이 은혜받았을 때 눈을 보면 전혀 공격적이지 않고 눈물을 머금고 있는 것이 정말 자기 자신의 소중함을 찾는 눈이고, 다른 사람도 소중하게 보는 눈인 것을 알 수 있습니다. 그래서 예수 믿는 사람들은 눈이 선하고 부드럽고 순합니다. 가만히 눈을 보면 독기가 없습니다. 이사야 선지는 어린아이가 독사 굴에 손을 넣어도 물리지 않는다고 했는데(사 11:8), 독사의 눈을 가진 사람이 없습니다. 전부 비둘기의 눈을 가지고 있습니다. 그래서 마음에 안심이 됩니다. 왜냐하면 저 사람은 나를 공격하지 않겠구나 하는 것을 알기 때문입니다.

술람미 여인이나 솔로몬은 서로의 모습을 바라보면서 하나님이 자신들을 싱싱하게 하셨다는 것을 깨닫게 됩니다.

1:16-17, "나의 사랑하는 자야 너는 어여쁘고 화창하다 우리의 침상은 푸르고 우리 집은 백향목 들보, 잣나무 서까래로구나"

여기서 "우리의 침상은 푸르고"라고 했기 때문에, 당장 이 두 사람이 동거에 들어갈 것처럼 해석하는 사람들이 있습니다. 특히 "우리 집은 백향목 들보, 잣나무 서까래"라고 하니까 얼마나 같이 살기에 좋겠습니까? 그러나 그렇게 해석하는 사람들은 아직 말씀의 깊이를 모르는 사람입니다.

솔로몬도 자신의 정체성을 찾지 못했지만, 하나님의 말씀을 들은 술람미 여인이 아름답게 변하는 모습을 보고서 자기가 붙들고 있는 말씀이 옳다는 것을 알게 됩니다. 그러니까 서로가 화창한 것입니다. 말씀을 전한 자와 들은 자가 다 같이 행복한 것입니다. 그리고 술람미 여인이 간절히 원하던 것은 솔로몬으로부터 지속적으로 말씀을 듣는 것이었습니다. 그래서 술람미 여인이 솔로몬에게 정오나 쉴 때 어디에 있는지 물었습니다. 그러니까 양 떼의 발자취를 따라오다가 장막이 있으면 거기에 내가 있다고 했습니다.

그러나 솔로몬의 거취는 늘 불안정했습니다. 그래서 솔로몬은 술람미 여인에게 약속하는데 "이제 튼튼한 집을 지어서 네가 원할 때 항상 하나님의 말씀을 들려주겠다"고 했습니다. 그래서 백향목 들보와 잣나무 서까래로 집을 짓겠다고 합니다. 솔로몬은 술람미 여인에게 이제 나를 만나려고 떠돌아다닐 필요가 없다는 것입니다. 왜냐하면 하나님이 고정된 튼튼한 집을 주시기 때문입니다. 교인들도 예배당이 튼튼하면 예배당을 찾아다닐 필요 없이 안심하고 와서 예배드리고 말씀을 들을 수 있습니다.

또 "우리의 침상은 푸르다"고 했습니다. 이것은 이들의 침상이 썩지 않았다는 뜻입니다. 외부에 나가서 설교하다 보면 숙소 문제가 자주 생깁니다. 그 이유는 대개 호텔이 편한데 모텔이나 이류 호텔은 러브호텔인 경우가 많기 때문입니다. 그러나 솔로몬의 침상은 썩지 않은 싱싱한 침대였습니다.

우리는 하나님의 말씀으로 날마다 젊어지고 아름다워지고 멋있어져서 하루하루가 화창하고 행복한 삶을 사시기 바랍니다.

04

골짜기의 백합

아 2:1-3

사람은 누구든지 꽃을 좋아합니다. 꽃은 아름답고 향기롭기 때문입니다. 저는 지금도 어느 식물원에선가 오키드 가든이 있었는데, 거기에 수많은 오키드 꽃이 활짝 피어있던 광경을 잊을 수 없습니다. 특히 그중에서 아주 멋있게 생긴 오키드가 하나 있었는데, 그 오키드의 이름이 '마가렛 대처'였습니다. 아마 마가렛 대처 수상도 그 오키드 가든에 와 본 적이 있던 것 같습니다. 우리나라 사람들도 봄에 벚꽃이 피거나 진달래나 유채꽃이나 메밀꽃이 필 때가 되면 일부러 그 꽃을 구경하기 위하여 나들이하기도 합니다. 사진작가 중에는 야생화에 빠져서 전국을 순례하거나 서해에 있는 섬에도 가고 심지어는 백두산이나 몽골까지 가서 야생화를 촬영하는 분들도 있습니다.

보통 어떤 행사장을 꽃으로 장식할 때는 대량으로 꽃이 필요하기 때문에 장미라든지 카네이션이나 국화 같은 것을 사용하지만, 혼자서 순수하고 깨끗한 꽃을 구경하려면 아무도 찾지 않는 깊은 산이나 계곡에 홀로 피어있는 야생화를 찾게 됩니다. 그곳에서 아무도 찾아오지 않고 아무도 봐주지 않는 야생화 한 송이가 아름답게 피어서 바람에 흔들리고 있는 모습을 발견하게 됩니다. 그런 야생화는 자기를 알아달라거나 다른 꽃을 시기하는 마음도 없고 먼지도 없고 소음도 없는 곳에서 하나님만 보시도록 아름답게 피어있는 것입니다.

우리나라 어떤 야생화 전문가가 소개한 꽃이 있는데, 하나는 복수초입니다. 야생화 이름이 '복수초'니까 좀 섬찟하게 들릴지 모르지만, 이 복수초는 눈 속에 피는 꽃입니다. 우리 생각에 어떻게 눈 속에서 꽃이 필 수 있을까 이해되지 않는데 복수초에는 비밀이 있습니다. 그것은 꽃이 열을 낸다는 것입니다. 그래서 꽃 주위에는 온도가 올라가서 눈이 녹게 됩니다. 그리고 또 하나는 할미꽃인데, 꽃이 전부 다 할머니같이 허리를 숙이고 피어있습니다. 그러나 우리나라 어느 곳에 가면 할미꽃이지만 고개를 들고 있는 할미꽃이 있습니다. 그것은 '동강 할미꽃'인데 이 사실이 알려지니까 사람들이 와서 이 할미꽃을 파가는 바람에 많이 적어졌다고 합니다. 스위스 알프스에 피는 유명한 야생화로는 '에델바이스'가 있습니다. 특히 이 꽃은 영화 〈사운드 오브 뮤직〉 때문에 세계적으로 알려지게 되었습니다.

이스라엘에도 사람들이 아주 좋아하는 야생화가 있습니다. 그중의 하나가 사론 들판에 피는 수선화입니다. 우리나라에 피는 수선화는 주로 흰색인데, 속에 빨간색 테두리가 있는 수술이 있어서 굉장히 아름답고 향기가 아주 멀리까지 갑니다. 그리고 백합화는 예수님이 얼마나 사랑하셨는지 "들에 핀 백합화를 보라"고 하시면서 "솔로몬이 입었던 그 모든 아름다운 비단 옷들도 백합화 한 송이보다 못하다"고 말씀하셨습니다(마 6:28-29).

1. 자신의 모습을 찾은 여성

사람들은 모두 살아가면서 멋진 자기 얼굴을 찾고 싶어 합니다.

그러나 사람들은 눈이 밖으로 달려 있기 때문에 남의 모습을 볼 수 있어도 자기 얼굴은 볼 수 없습니다. 그래서 거울로 자기 얼굴을 볼 수밖에 없는데 거울로 본 자기 모습은 금방 잊어버립니다. 그리고 아무리 자기 모습을 사진으로 찍어 본다고 해도 그 얼굴은 자꾸 변하기 때문에 언제 모습이 진짜 자기 모습인지 알 수 없습니다. 화가 났을 때 자기 얼굴이 다르고, 기뻐할 때 자기 얼굴이 다르고, 침체했을 때 자기 얼굴이 다르고, 술 마셨을 때 자기 얼굴이 다르기 때문입니다.

아주 오래전에 부산 지역 대학생들이 경남의 어떤 수련관에서 수련회를 했을 때, 제가 그곳에 설교하러 간 적이 있습니다. 그때 두 가지 일이 제 기억에 남아 있습니다. 하나는 그곳에 모기가 많았다는 것입니다. 그 산에 얼마나 모기가 많았는지 학생들이 한번 자고 일어나면 옆에 있는 친구의 얼굴을 알아보지 못할 정도로 모기에 물려 있었습니다. 급기야 여학생 중에 한 사람은 모기에 많이 물려서 너무 퉁퉁 붓는 바람에 앰블런스가 와서 병원에 실려 가기도 했습니다. 몇 년이 지난 후에 제가 다시 부산 지역에서 설교하면서 그때 모기에게 물려서 병원에 실려 간 여학생이 있으면 손들어 보라고 하니까 한 여학생이 손을 들었습니다. 그리고 그 수련관은 화장실의 시설이 잘 되어 있지 않아서 비가 오면 막는 방수포 같은 것으로 막아 놓았는데, 그것도 떨어져 있어서 학생들이 화장실에서 일을 볼 때는 한 손으로는 방수포를 들고 다른 한 손으로는 모기를 쫓아야 했기 때문에 굉장히 바빴습니다.

그런데 제가 말씀으로 드리려고 하는 것은 이것이 아닙니다. 수련회에 처음 온 일학년 여학생들은 대개 쾌활하고 장난기가 많습니다. 그래서 제가 설교 마치고 지나가는데 여학생들이 서 있다가 그중의 한 명이 저에게 "목사님, 가까이서 보니까 잘 생기셨네요!"라고 말하는 것이 아닙니까. 저는 겉으로 아무렇지도 않은 체하면서 "애들이 별소리를 다 하네. 너희들이 예쁘지" 하면서 점잖게 제 방으로 들어

갔습니다. 그러고는 얼른 거울을 보았습니다. 왜냐하면 제가 살아오면서 잘생겼다는 말을 들은 것은 그때가 처음이었기 때문입니다. 거울을 보니까 잘생긴 것 같아 보였습니다. 그래서 그 이후로 '나도 잘생겼구나' 하는 생각을 가지게 되었습니다. 그러나 사실 그때만 해도 저는 외모에 거의 신경을 쓰지 않았습니다. 오직 '복음, 복음' 복음만이 중요하다고 생각했습니다. 그래도 학생들이나 교인 중에서 저를 외모만 보고 판단하는 사람은 아무도 없었습니다.

2:1, "나는 사론의 수선화요 골짜기의 백합화로다"

술람미 여인은 자신의 모습을 찾지 못했습니다. 집에서 오빠들은 자기를 여자로 대하지 않고 머슴처럼 마구 대했습니다. 그리고 포도원도 지키게 하고 염소도 지키게 하는 바람에 술람미 여인은 얼굴이 시커멓게 타서 보기가 싫었습니다. 그리고 술람미 여인은 머리를 빗는 것도 잘 모르고 멋을 부리는 것도 몰랐습니다. 그래서 술람미 여인은 자기가 아름다운지 못생겼는지 자신에 대해서는 아무것도 알지 못했습니다.

그런데 술람미 여인은 자기 동네 가까운 곳에 양치기로 온 솔로몬을 만나게 되었습니다. 솔로몬은 하나님의 말씀을 많이 알고 있었습니다. 술람미 여인은 솔로몬의 이야기를 듣는데 그 속에 무슨 내용이 있었는가 하면 '하나님이 나를 사랑하신다'는 말이 있었습니다. 술람미 여인은 누군가가 자기를 사랑한다는 말을 처음 들어보았습니다. 그때부터 술람미 여인의 자아상이 변하기 시작했습니다. 즉 아무렇게나 살고 자기가 누구인지 모르던 여자가 '하나님의 사랑받는 여자'로 변하게 된 것입니다. 술람미 여인은 하나님의 사랑을 받기 위해서 태어났고 지금도 하나님의 사랑을 받고 있다는 사실을 깨닫게 되었습니다. 그때부터 술람미 여인은 변하기 시작했습니다. 그래서 머리도 빗어서 가지런하게 하고 또 그 머리를 땋아서 예쁘게 만들었습니다. 그리고 시커멓게 탔지만 그 목에 구슬 목걸이를 달았습니다. 그러면서 술람미 여인은 자기가 어떻게 생겼는지 생각해 보았습니다. 드디어 술람미 여인은 자기 모습을 찾게 되었습니다. 술람미 여인은 얼굴도 희게 되고 피부도 아름다워지게 되었습니다.

술람미 여인은 결코 장미같이 화려한 꽃은 아니었습니다. 장미를 사랑했던 시인은 따로 있습니다. 그녀는 '러너 마리아 릴케' 입니다. 그녀는 장미를 좋아했고 결국 장미를 따다가 그 가시에 찔려서 죽었습니다. 장미에 찔려 죽었다고 하니까 굉장히 낭만적인 것 같지만 사실 그녀는 그때 백혈병 환자였습니다.

술람미 여인은 꽃에 비유하면 결코 화려한 꽃은 아니었습니다. 술람미 여인은 아무도 봐주지 않는 야생화에 불과했습니다. 사람들은 이런 꽃을 꺾어서 왕궁이나 예배당에 놓지는 않았습니다. 야생화는 아무도 봐주지 않는 들판에 홀로 피어있습니다. 그런데 야생화는 대단히 아름답습니다. 그리고 야생화는 꽃향기가 아주 좋아서 먼 곳까지 갑니다.

술람미 여인이 발견한 자아상은 '사론 들판의 수선화'였습니다. 수선화는 우리나라에도 많이 피는데 주로 못가나 시냇가에 많습니다. 수선화는 흰색이 많은데 그 안에 있는 수술은 빨간 띠가 있는 노란색이기 때문에 아주 아름답습니다. 수선화는 때가 묻지 않는 순결을 의미합니다. 그래서 찬송가를 지은 사람은 사론 들판에 피어있는 수선화가 예수님이라고 노래하고 있습니다.

찬송가 89장에 보면 1절에 "사론의 꽃 예수 나의 마음에 거룩하고 아름답게 피소서. 내 생명이 참사랑의 향기로 간데마다 풍겨나게 하소서." 그리고 2절에는 "사론의 꽃 예수 이 세상에서 어느 꽃과 비교할수 있으랴. 나의 삶에 한결같은 은혜와 사랑으로 가득하게 하소서." 3절에는 "사론의 꽃 예수 모든 질병을 한이 없는 능력으로 고치

사 고통하며 근심하는 자에게 크신 힘과 소망 내려주소서." 4절에는
"사론의 꽃 예수 길이 피소서. 주의 영광 이땅위에 가득해. 천하 만
민 주님 앞에 엎드려 경배하며 영광돌릴 때까지"라고 했습니다. 정말
이 찬송은 한 절도 버릴 것이 없을 정도로 사론 들판에 피어있는 수선
화에 대한 완전한 찬사의 노래입니다. 찬송가 해설을 보면, 귀리(I. A.
Guirey)라는 사람이 작사했는데 "아가서 2:1에 근거로 예수님을 사론
의 꽃으로 비유한다"라고 되어 있습니다.

　　예수님은 예루살렘에 피어있는 화려한 장미나 달리아나 칸나 같
은 꽃이 아니라 들판에 피어있는 들꽃이었습니다. 그러나 수선화는
때가 하나도 없고 벌레 먹은 곳이 없는 깨끗한 꽃인 것처럼 예수님도
들판의 깨끗한 들꽃이었습니다. 사람들은 들판에 피어있는 들꽃을 볼
시간이나 여유가 없었고 들꽃을 본다고 해서 세상에서 높아지거나 성
공하는 것도 아니었습니다. 그러나 이 사론의 들꽃은 세상의 어느 꽃
보다 비교할 수 없이 아름다웠고 특히 그 향기로 모든 병든 사람들을
치료하는 능력을 가지고 있었던 것입니다. 그래서 사론의 수선화는
고통하며 근심하는 자에게 희망을 주는 꽃이었습니다. 왜냐하면 목이
말라서 고통받는 자들이 수선화를 발견하면 그 옆에는 반드시 맑은
물이 있었기 때문입니다. 예수님은 야생화였습니다. 그래서 예수님을
알아주지 않았습니다. 그러나 예수님은 깨끗하셨고 모든 병을 고치는
능력이 있으셨고 그분에게는 성령의 생수가 있었습니다. 술람미 여인
은 알아주는 미인은 아니었지만 그에게는 향기가 있었고, 사람을 위
해서 피어있지 않고 하나님을 위해서 피어있는 꽃이었습니다.

　　술람미 여인은 자기를 "골짜기의 백합화"라고 했습니다. 백합화
는 흰색 꽃입니다. 백합은 정말 깨끗하고 순결한 꽃입니다. 찬송가 88
장을 보면 "내 진정 사모하는 친구가 되시는 구주 예수님은 아름다워
라. 산 밑의 백합화요 빛나는 새벽별 주님 형언할 길 아주 없도다"라
고 했습니다. 예수님은 참 아름다우신 분이라고 했습니다. 그래서 예

수님은 골짜기에 핀 백합화요 빛나는 새벽별이라고 했습니다. 예수님은 입을 옷이 없어서 걱정하는 제자들에게 "들에 핀 백합화를 보라"고 말씀하셨습니다. 하나님께서는 들에 핀 백합화도 입히신다고 말씀하셨습니다. 예수님은 솔로몬이 가진 그 많은 비단 옷을 다 합쳐도 들에 핀 백합화 한 송이보다 예쁘지 않다고 말씀하셨습니다.

덴마크의 유명한 철학자 키르케고르는 '새와 백합화에게 배우라'라는 글을 썼는데, 그는 골짜기의 백합화는 염려하지 않는다고 했습니다. 왜냐하면 하나님을 믿기 때문이라고 했습니다. 키르케고르는 걱정하는 사람들은 모두 이방인이라고 했습니다. 우리는 옷 때문에 걱정하지 않아도 살 집이 없으면 걱정하게 됩니다. 만약 우리가 잠을 잘 수 있는 집이 없으면 어디에서 자야 할까요? 백합화같이 골짜기로 내려가야 할까요? 하나님은 여우에게도 굴을 주시고 새에게도 둥지를 주시듯이 우리에게도 살 집을 주실 것입니다. 우리가 야생동물이 아닌데 어떻게 이슬을 맞으며 살고 비가 오면 비를 맞으며 살 수 있겠습니까?

백합화는 순결을 상징합니다. 우리가 순결하기만 하면 하나님은 우리를 책임져주십니다. 더욱이 백합화는 영생을 상징합니다. 그래서 부활절에 백합화를 많이 사용합니다. 우리는 이미 영생을 살고 있기 때문에 예수님은 아버지 집에 거할 곳이 많다고 하셨습니다(요 14:2). 정말 걱정해야 할 사람들은 이 세상에 사는 사람들입니다.

백합화는 겉 부분에 물을 몰아내는 성분이 있어서 흔들기만 하면 빗물이 물방울이 되어 흘러 내립니다. 수선화와 백합화는 피어있기만 하면 됩니다. 그러면 자기 사명을 다하고 있는 것입니다.

2. 가시가 있는 꽃들

술람미 여인이 동네 사람들을 사귀다 보니까 얼굴도 예쁘고 돈도 많은데 가시를 가지고 있는 여인들이 있었습니다. 이런 여인들은 다른 사람들이 좋아서 가까이하면 가시로 찔러서 피를 나게 하거나 아니면 멀쩡한 사람들이 있으면 자기가 가서 가시로 찔러서 상처를 냈습니다.

사람들은 흔히 "장미는 아름답지만, 가시가 있다"는 말을 합니다. 어떤 사람은 참 아름다운데 성깔이 아주 좋지 못합니다. 그래서 그런 여자들 중에는 그 가시로 남편을 찌르고 시어머니를 찌르고 자식을 찌르고 심지어는 학교 선생님까지 찔러서 자살하게 하는 어머니들도 있습니다.

《어린 왕자》를 보면 어느 날 씨앗이 하나 날아와서 싹이 나는데, 그 나무는 장미였습니다. 장미에는 가시가 세 개 있었는데, 장미는 그 가시로 자기를 공격하는 동물들을 이길 수 있다고 했습니다. 장미에게 있어서 가시는 자기를 보호하는 무기였던 것입니다. 그러나 안타깝게도 사람들은 그 가시 때문에 장미에게 가까이 갈 수 없습니다. 찔레에도 향기가 있습니다. 그리고 아주 작은 흰 꽃이 피어서 앙증맞습니다. 그러나 찔레에는 가시가 너무 많아서 아무도 그 나무에는 가까이 갈 수 없습니다. 이런 나무는 자기 혼자 잘났다고 큰소리 치는 수밖에 없는 것입니다.

2:2, "여자들 중에 내 사랑은 가시나무 가운데 백합화 같도다"

솔로몬이 시골에 가서 보니까 모든 나무가 가시를 다 가지고 있었습니다. 마치 가시가 유행인 것 같았습니다. 그러나 하나님의 말씀을 사랑하는 사람 술람미 여인만은 가시가 없었습니다.

우리는 이 세상을 살면서 사람들이 가시만 가지고 있는 것이 아니라 입안에 독을 가득 품고 있다는 사실을 알게 됩니다. 그래서 말할 때 그 독을 뿜어내거나 혹은 독이 있는 이빨로 물어서 사람들에게 그 독이 퍼지게 만듭니다. 그래서 어떤 사람은 회의하다가 죽기도 하고, 어떤 사람은 건물에서 뛰어내려 자살하기도 합니다. 만일 우리가 사는 도시에 온통 독사가 기어다니고 있고 사자나 호랑이가 목줄도 없이 돌아다니고 있다면, 우리는 이런 곳에서 살 수 없을 것입니다.

그런데 사람마다 다 독을 가지고 있습니다. 그래서 말할 때도 할 수 있으면 못되게 말을 해서 다른 사람의 마음을 아프게 합니다. 예수님께서는 우리를 세상에 보내는 것이 양을 이리 떼 가운데로 보내는 것과 같다고 말씀하셨습니다(눅 10:3). 세상에는 이리들이 돌아다니고 있는데 그중에 양이 있으면 어떻게 되겠습니까? 아마 이리들이 당장 덤벼들어서 털만 남기고 내장까지 다 뜯어 먹을 것입니다. 그런데 우리가 어떻게 이 세상을 살아갈 수 있겠습니까? 어떤 사람은 주식을 하는데 30분 만에 일억이 넘는 돈을 잃어버렸다고 합니다. 이리들이 남의 돈 일억원을 한순간에 꿀꺽 해버린 것입니다. 그래서 하나님이 말씀하신 대로 남자들은 땀을 흘려서 일을 해야 합니다. 이리가 양인 줄 알고 잡아먹으려고 하는데 땀 냄새가 나면 놀라서 달아나 버립니다. 그리고 우리 성도들이 백합화 향기를 풍기면 이것이 이리에게는 아주 지독한 냄새가 되기 때문에 놀라서 달아나 버립니다. 그리고 성도들이 모여서 기도하면 불이 일어나게 되는데 이리들은 불을 아주 무서워합니다. 사자들도 불을 무서워합니다.

요즘 일본에서는 곰이 자주 사람 사는 데 내려와서 사람을 물기도 하고 죽이기도 해서 골치가 아프다고 합니다. 곰이 내려오는 이유는 비가 오지 않아 도토리 같은 열매가 없어서 먹이를 찾아 마을까지 내려온다는 것입니다. 그래서 일본 정부에서는 곰들이 먹을 양식을 산에 뿌린다고 합니다. 얼마 전에 우리나라 어느 사냥꾼이 멧돼지가 달

러드는 것을 보고 총을 쏘았는데 멧돼지가 안 죽는 바람에 물려서 죽었다고 합니다. 이제는 우리가 모두 타잔이 되든지 해야 할지 모르겠습니다. 그러나 야생동물들은 사람의 냄새와 소리와 불을 싫어합니다. 특히 찬송 소리를 싫어합니다. 부흥의 불을 싫어합니다.

3. 숲속의 사과나무

산에서 길을 잃어버리면 방향을 모르기도 하고 또 목도 마르고 배도 고파서 잘못하면 죽을 수도 있습니다. 우리나라는 산이 그렇게 높지 않아서 조금만 지나면 마을이 있어서 물도 얻어먹을 수 있고 밥도 좀 달라고 할 수 있지만, 사하라 사막이라든지 혹은 캐나다의 숲이나 시베리아의 숲 같은 데서 길을 잃으면 목숨을 잃기 쉽습니다. 만일 사람이 길을 잃고 기진맥진할 때 자기 앞에 열매가 가득 달린 사과나무가 있다면 눈이 번쩍 뜨일 것입니다. 얼른 일어나서 사과를 따서 먹으면 목마른 것도 해결되고 또 배고픈 것도 해결되어서 새 힘을 낼 수 있을 것입니다. 잡목이 우거진 곳에는 사과나무가 있을 수 없습니다. 그런데도 불구하고 사과가 있다면 하나님이 주신 선물일 것입니다.

아마 술람미 여인은 시골에 살면서 영적으로 너무나 목이 마르고 배도 고팠던 것 같습니다. 왜냐하면 거기에는 하나님의 말씀을 가르쳐주는 사람이 아무도 없었기 때문입니다. 그래서 술람미 여인은 목마르고 배고픈 가운데 솔로몬의 하나님 이야기를 들었을 때 눈이 번쩍 뜨이게 되었습니다. 솔로몬의 이야기에는 목마른 목을 적셔주는 달콤한 꿀물이 있었고, 또 사과가 최고로 맛이 있어서 배고픈 것도 사라졌기 때문입니다.

2:3, "남자들 중에 나의 사랑하는 자는 수풀 가운데 사과나무 같구나 내가 그 그늘에 앉아서 심히 기뻐하였고 그 열매는 내 입에 달았도다"

이 세상에는 술람미 여인의 목마름을 채워주는 물이 없었습니다. 이 세상에 있는 물은 모두 썩은 물이었고 썩은 냄새가 나는 물이었습니다. 그러다가 술람미 여인은 솔로몬의 설교를 듣고 단물을 마시고 배를 채울 수 있었습니다. 어떻게 되었는지 모르겠지만 잡목이 있는 숲에 야생 사과도 아니고 맛있는 사과나무 열매가 주렁주렁 맺혀 있었기 때문입니다. 이것이 바로 하나님의 사람이고 성령의 사람입니다.

예수님은 "누구든지 목마르거든 내게로 와서 마시라"(요 7:37)고 하시면서, "내가 주는 물을 마시는 자는 영원히 목마르지 아니하리니 내가 주는 물은 그 속에서 영생하도록 솟아나는 샘물이 되리라"(요 4:14)고 말씀하셨습니다. 엘리야 때 3년 동안 가뭄이 와서 사람들이 양식이 없어서 굶어 죽어 가는데, 엘리야를 영접했던 사렙다 과부는 기름이 떨어지지 않고 가루가 떨어지지 않아서 살 수 있었습니다. 이스라엘 백성들은 광야에서 모세를 의심하고 비방했지만 모세가 반석을 쳤을 때 반석에서 물이 쏟아져 나와서 모든 이스라엘 백성이 다 깨끗한 물을 마시고 살 수 있었습니다.

하나님은 우리에게 생수를 주십니다. 그리고 하나님은 광야 가운데서 우리의 그늘이 되십니다. 술람미 여인은 사과나무 숲에서 더위를 식힐 수 있었습니다. 이 세상은 점점 뜨거워져 가고 있습니다. 얼마 전 일본 홋카이도 해변에 수많은 정어리 떼가 죽어서 밀려왔습니다. 그래서 원전 오염수 때문인가 생각했는데 그 후에 우리나라 남해안에도 많은 정어리 떼가 죽어서 해변에 몰려왔습니다. 해양청에서 조사해 보니까 지구가 너무 더워지니까 바닷물 온도가 올라가 산소가 결핍해서 정어리들이 죽었다는 것입니다. 지금 지구는 점점 더워지고 있습니다. 그래서 산불도 계속 일어나고 물고기도 떼죽음을 당하고 있습니다.

그러나 하나님은 성령의 사람에게는 영원히 목마르지 않는 생수를 주십니다. 그리고 하나님은 그들에게 시원한 그늘이 되어주십니다. 술람미 여인은 자신의 모습을 찾았습니다. 그랬더니 사과나무도 찾을 수 있었습니다. 술람미 여인은 더 이상 목마르지 않게 되었고 걱정하지 않게 되었고 기쁨으로 살 수 있었습니다. 우리는 꽃만 피우고 향기만 날리면 하나님께서 사과나무 같은 열매를 주실 것입니다.

05

사랑함으로 병들다

아 2:4-7

제가 아는 친척 중에 저보다 열 살 많은 사촌 형이 있습니다. 이 형은 제가 어렸을 때 벌써 대학생이었는데, 서울에서 부산에 있던 우리 집에 놀러오곤 했습니다. 그런데 그 형은 정말 잘 생기고 멋이 있었습니다. 그 당시 연세대를 다닌다고 했는데, 어머니에게 연세대가 어떤 학교냐고 물으니까 우리나라에서 제일 좋은 대학이라고 말씀했습니다. 그래서 저는 상당히 클 때까지 우리나라에서 가장 좋은 대학이 연세대학인 줄 알고 있었습니다. 그런데 이 형은 병을 앓았는지 사고를 당했는지 장애가 있었는데, 한쪽 눈이 의안이었습니다. 그 형은 드라마에 나오는 형사 콜롬보처럼 눈 하나가 보이지 않았습니다. 저는 어렸을 때 형들로부터 의안은 밤에 잘 때도 눈이 감기지 않는다고 들었습니다. 만약 같이 자는데 옆에 자는 사람이 한쪽 눈을 뜨고 있으면 얼마나 무섭겠습니까? 그리고 그 형은 폐를 하나 잘라내서 한쪽 폐가 없었습니다. 그래서 그 형은 눈알이 하나 없고 폐도 하나 없었습니다. 그러나 그 형은 아주 멋있게 생기고 키도 크고 성격도 좋고 믿음도 좋았습니다.

그런데 그 사촌 형은 사귀는 아가씨가 있었습니다. 이 아가씨는 자기가 사귀고 있는 남자의 형편이 이렇다는 것을 어느 날 부모님에게 말씀드렸습니다. 그랬더니 처녀의 집에서는 난리가 났습니다. "이 세상에 남자가 없어서 어디서 그런 남자와 사귀고 결혼하려고 하느냐? 절대로 안 된다"고 하면서 반대가 엄청 심했습니다. 사실 이런 반대는 어느 누구든지 딸자식을 둔 부모라면 그렇게 하고도 남을 것입니다. 그런데 부모의 심한 반대가 있고 난 후 그 딸은 시름시름 아프기 시작했습니다. 입맛이 없어서 먹지 못하고 잠도 자지 못하고 내내 울기만 하고 방구석에 처박혀서 밖으로 나오지도 않았습니다. 그 사실을 듣고 제 사촌 형도 아프기 시작했습니다. 자기도 좋아하는 여자와 만나지 못하고 그 부모가 격렬하게 반대한다고 하니 그만 병이 나버렸습니다. 처녀의 몸은 말라가고 있었고 얼굴도 수척해졌습니다. 그런 시간이 지나자 먼저 항복한 사람은 그 처녀의 부모님들이었습니다. 저렇게 먹지도 않고 죽어 가는데 죽는 것보다는 자기가 좋아하는 사람과 사귀고 결혼하게 해주자고 했습니다.

그래서 부모가 만나도 된다고 허락하니까 그 처녀는 핼쑥한 얼굴로 형의 집을 찾아갔습니다. 그런데 초인종을 암만 눌러도 형이 안 나오는 것입니다. 처녀의 부모가 그렇게 반대하는데 자기가 만나서 되겠느냐고 해서 방에 처박혀서 아무리 벨을 눌러도 나오지 않았던 것입니다. 그랬더니 처녀가 집을 돌아서 그 형 방 창문에 대놓고 돌을 던졌습니다. 형이 안 나오면 나올 때까지 돌을 던지겠다고 했습니다. 그러니까 그 어머니가 아들을 설득해서 창문 깨지기 전에 나가서 만나라고 해서 다시 만나게 되었고 그 후에 결혼도 했습니다. 마지막으로 그 형의 소식을 들은 것은 런던대학에서 박사 학위를 따기 위해 영국에 간다는 것이었는데 아마도 박사 학위를 받고 잘살고 있을 것입니다.

세상의 노래 중에는 이루지 못한 첫사랑을 노래하는 가사가 많이 있습니다. 서울의 한강을 따라서 팔당 쪽으로 가다 보면 미사리가 나오는데, 거기에 라이브 카페가 많다고 합니다. 그 카페에는 왕년에 유명했던 통기타 가수들이 옛날 노래를 부르는데, 중년 여성들이 거기에 많이 가서 노래를 듣기도 하고 따라 부르기도 하면서 눈물을 흘린다고 합니다. 그 이유는 이만큼 이루지 못하고 깨어진 첫사랑이 많기 때문일 것입니다.

사람은 살면서 한 번씩 미칠 때가 있습니다. 이때가 바로 사랑에 미칠 때입니다. 이때 부모가 빨리 결혼하게 해야지 이때를 놓치면 맨정신으로는 사랑이 되지 않습니다. 그러나 이것은 믿음을 가질 때도 마찬가지로 일어나게 됩니다. 처음에 예수를 믿고 하나님의 은혜를 받으면 마치 미친 것처럼 되어서 밥맛도 없고 다른 일은 하고 싶지도 않고 병이 든 것처럼 하나님을 사모하는 마음만 생기게 됩니다.

한번은 전국의 의대생 CMF 학생들이 부산 영도 고신대 캠퍼스에서 수련회를 가졌습니다. 그때는 의대와 한의대 사이에서 무슨 분리 문제가 있어서 한의대가 동맹 휴학을 할 때였습니다. 그래서 수업 일수가 모자라서 한의대생들이 수련회 중간에 학교로 돌아갔던 기억이 납니다. 학생들은 고신대 교실 하나에 스티로폼을 깔고 제가 잘 수 있게 배려해 주었습니다. 그런데 영도는 잠을 자는 데는 좋지 못했습니다. 새벽이 되니까 배가 출항을 한다고 전부 부웅부웅 거리는데 도저히 잠을 잘 수 없었습니다. 그런데 학생들이 첫날 저녁 설교에서 엄청 은혜를 받았습니다. 그랬더니 의대생 하나가 기타를 매고 앞에 나가서 찬양을 인도하고 학생들은 전부 의자 위에 올라서서 밤이 새도록 찬양했습니다.

그리고 그다음 날 오전 설교를 하는데 저는 깜짝 놀랐습니다. 왜냐하면 성령이 어디론가 떠나신 것 같았기 때문입니다. 학생들이 전날과 달리 거의 전부 졸고 있었습니다. 그래서 저는 '처음에는 이럴 때도 있지'라고 생각하고 설교를 마쳤습니다. 설교를 마친 후 선배 하나가 나와서 그 학생들을 꾸짖었습니다. "너희들 왜 귀한 목사님이 설교하시는데 졸고 있는 거야? 너희들 의사고시 공부할 때 잠이 오면 연필로 허벅지를 찔러가면서 공부하지 않았느냐?"고 하면서 책망했습니다. 그랬더니 학생들이 그것이 아니라고 대답했습니다. 자기들이 지난 설교에 하도 은혜를 받아서 밤새도록 설교 이야기를 한다고 한 잠도 못 잤다는 것입니다. 그래서 아침에 잠이 쏟아지는 것을 참지 못했다는 것입니다. 하여튼 너무나도 행복하고 아름다운 순간들이었습니다.

오늘 본문을 오해해서 4절에 "그가 나를 인도하여 잔칫집에 들어갔으니"라는 구절과 6절에 "그가 왼팔로 내 머리를 고이고 오른팔로 나를 안는구나" 하는 구절만 보고 솔로몬과 술람미 여인이 서로 사랑해서 포옹하고 결혼하는 장면으로 생각합니다. 그렇게 생각하는 사람은 진정한 사랑이 무엇인지 모르는 사람입니다.

1. 잔칫집으로 인도하다

처음에 솔로몬이 본 술람미 여인은 그야말로 촌닭의 모습이었습니다. 머리도 다듬지 않았고 얼굴은 시커멓게 타서 그야말로 동네 머슴애 같았습니다. 그리고 술람미 여인이 사는 동네는 시골의 향기보다는 썩은 냄새가 나는 향기롭지 못한 곳이었습니다. 그런데 솔로몬이 우물곁이나 혹은 동네 나무 밑에서 성경 이야기를 했을 때, 그곳에서는 놀라운 일이 일어나게 되었습니다. 그것은 술람미 여인이 하나님의 말씀을 듣고 변하기 시작한 것이었습니다. 술람미 여인이 특별히 좋은 옷을 입은 것은 아니지만 머리도 단정하게 빗고 또 머리를 땋아서 내리고 목에도 구슬꿰미로 된 목걸이를 달았는데 너무나도 아름다운 모습이었습니다. 그리고 솔로몬이 발견한 술람미 여인의 성격은 얼마나 시원시원한지 쩨쩨한 것으로 토라지거나 화를 내지 않고 바로 의 준마같이 크게, 크게 달리는 성격이었습니다.

그때 솔로몬은 자기가 아주 귀한 몰약 주머니나 혹은 엔게디 포도 원의 고벨화 송이를 발견한 것을 알았습니다. 사실 솔로몬의 설교는 예루살렘에서는 별로 반응이 좋지 않았습니다. 왜냐하면 예루살렘 여 자들은 너무 세상적인 것을 좋아해서 하나님의 이야기가 먹혀 들어가 지 않았기 때문입니다. 그런데 술람미 여인이 사는 시골 여자들은 순 수해서 솔로몬이 전해주는 하나님의 이야기를 잘 받아들였습니다.

그러나 사실은 그 동네의 모든 처녀나 어린이들이 솔로몬의 설교 를 듣고 변화되고 있었던 것입니다. 그래서 술람미 여인의 동네 처녀 들은 솔로몬이 없을 때 서로 모여서 의논했습니다. 그것은 우리가 솔 로몬의 설교만 듣고 돌아가는 것으로 좋지 않다는 것이었습니다. 우 리가 하나님의 이야기를 들으니까 이렇게 마음이 기쁘고 좋은데 한 가지씩 음식이나 과일이나 선물을 준비해 와서 솔로몬과 함께 또 하 나님의 이야기를 들으면 어떨까 하는 것이었습니다. 아니면 우리가 여기서 직접 음식을 만들면서 오래 시간을 같이 보내면 어떨까 하는 이야기를 했던 것 같습니다. 그래서 술람미 여인과 동네 여인들과 아 가씨들은 다 같이 음식을 만들어오고 음식 재료를 준비해서 '비밀 잔 치'를 하기로 했습니다.

아마도 동네 아가씨들은 솔로몬의 설교를 듣는 우물가에서 조금 떨어진 풀밭에 자리를 깔고 거기에 음식을 준비하고 과일을 준비해 놓았던 것 같습니다. 솔로몬이 미처 생각하지 못했던 것은 솔로몬의 이야기를 듣고 은혜받은 사람이 술람미 여인만이 아니었다는 것입니 다. 거의 온 동네 처녀나 어린아이들이 솔로몬의 성경 이야기를 통해 서 미래의 희망을 가졌고 자신의 가치를 찾기 시작했던 것입니다. 이 것이 바로 부흥의 때에 일어나는 일입니다. 교인들이 하나님의 말씀 을 듣고 은혜를 받으면 기쁨이 생기고 누가 뭐라고 하지 않아도 음식을 같이 먹으며 저녁 늦게까지 서로 말씀을 나누고 싶은 마음이 생기는 것입니다.

옛날 제가 서울에서 개척 교회를 할 때 교인들이 적으니까 전부 다 같이 경기도에 있는 어떤 학교 같은 데 가서 전교인 수양회를 하기로 했습니다. 그 학교 운동장에 집집마다 텐트를 치고 캠프파이어를 하면서 노래도 부르고 이야기도 했는데, 그 때 모든 교인이 그 불빛에 비친 상대방의 모습은 잊지 못할 것입니다. 그리고 부부 사이는 물론이고 자기 자신도 얼마나 행복해졌는지 모릅니다. 지금 우리 교회는 교인 수가 많으니까 그런 캠프파이어 같은 것은 할 수 없고, 여성부흥회나 메시야 연주회 같은 행사를 하고 있습니다. 여성부흥회를 하면 여성들은 너무나도 행복해합니다. 그리고 메시야 연주를 들으면서 1시간 반 동안 교인들은 아름다운 행복과 음악에 젖어버리게 됩니다.

이와 마찬가지로 술람미 여인의 동네 여인들은 솔로몬의 설교를 듣고 모두 행복했습니다. 그래서 함께 모여서 "우리가 이 행복을 그냥 흘러가게 할 것이 아니라 하루 시간을 내서 충분히 먹으면서 이야기를 하자"고 의논하게 된 것입니다. 사실 시골 여인들에게 솔로몬은 그들의 꿈이요 환상이었습니다. 솔로몬은 잘생겼고 시골 처녀들은 만날 수도 없는 다윗 왕의 아들이었습니다. 그런 솔로몬이 열정을 가지고 시골의 처녀들을 사랑했습니다. 그리고 솔로몬은 그야말로 시골 여자인 동네 아가씨나 여인들을 인격적으로 대해주었던 것입니다.

2:4, "그가 나를 인도하여 잔칫집에 들어갔으니 그 사랑은 내 위에 깃발이로구나"

동네 처녀들은 솔로몬의 성경 이야기가 끝난 후 모두 모여서 솔로몬을 인도하여 자기들이 준비한 잔칫집에 들어갔습니다. 물론 이 잔칫집은 그때 어느 집에서 결혼식이 있었거나 술람미 여인과 솔로몬이 결혼했다는 뜻이 아닙니다. 천국의 잔칫집이 열린 것입니다. 이것은 그들 모두가 집에 돌아가서 식사하고 집안일을 해야 하는 부담에서 벗어나서 이 밤이 다 가도록 서로 이야기를 하자는 것입니다. 서로의 꿈을 이야기하고 마음속 깊은 곳에 있는 상처를 이야기하고 하나님께서 자기 기도에 응답해 주신 이야기를 나누는 것입니다. 이것이 바로 잔치 중의 최고의 잔치입니다. 특히 여성들은 빨리 집에 가지 않아도 되고 남이 해 주는 맛있는 음식을 먹으면서 설거지도 남자들이 해줄 때 그것보다 더 행복한 시간은 없을 것입니다.

"그가 나를 인도하여 잔칫집에 들어갔으니"라고 했습니다. 솔로몬 앞에서 여인들은 자신들이 하나님의 말씀을 듣고 변화된 이야기를 전부 다 했습니다. 그런데 아직 자기 이야기를 말하지 않은 여자가 한 명 있었습니다. 그 사람은 바로 술람미 여인이었습니다. 술람미 여인이 자기 이야기를 하려고 하니까 너무 쑥스러웠기 때문입니다. 그러나 솔로몬이 술람미 여인을 이야기 자리에 인도합니다. 즉 "이제는 술람미 여인도 자기 이야기를 한번 해 보세요"라고 하면서 이야기하게 했던 것입니다. 그래서 술람미 여인은 자기 이야기를 하기 시작했습니다. 그녀는 오빠들 사이에서 부모님의 사랑을 받지 못했고, 남자들같이 자랐으며, 머리를 빗고 구슬 목걸이를 맨다는 것은 알지도 못했다고 이야기했습니다. 술람미 여인은 자신의 정체성이 없었습니다. 그는 아무 생각 없이 포도원지기를 했고 염소까지 키웠습니다. 술람미 여인에게 미래라는 것이 없었습니다. 그러나 하나님의 말씀을 듣고 자신의 소중함을 알게 되었고 자신의 생활이 정돈되게 되었다고 고백하면서 아마 울었던 것 같습니다.

아마 이 자리에 예수님 당시의 막달라 마리아가 있었더라면 그 여인의 간증은 금메달감이었을 것입니다. 막달라 마리아는 모든 정신병을 다 가지고 있는 여자였습니다. 두통, 불면증에서부터 시작해서 우울증, 공황장애, 히스테리, 발작 분노, 조절 장애 등등, 그래서 사람들은 그녀를 일곱 귀신이 들린 여자라고 불렀고 죄인 취급을 했습니다. 그러나 막달라 마리아는 예수님의 말씀을 듣는 가운데 두통과 불면증이 나았고, 우울증, 공황장애, 히스테리 등등 모든 병이 다 치유되었습니다. 그리고 막달라 마리아는 아름다워지기 시작했습니다. 그 여인은 자기가 변화된 것이 너무 놀라워서 집에 있는 비싼 향유 옥합을 가지고 와서 그것을 깨트려 예수님의 발에 부어드렸습니다. 바로 이것이 잔치인 것입니다.

"그 사랑은 내 위에 깃발이로구나"라고 했습니다. 아마 여인들은 가장 많이 변하고 감동적인 이야기를 한 사람에게 금메달 대신에 깃발을 꽂아주기로 한 것 같습니다. 시골 동네 여인들 중에 은혜받지 않은 사람이 없었지만 그중에서 가장 많이 변한 사람은 술람미 여인이었습니다. 그 여인의 간증은 금메달감이었습니다. 마치 신약 성경에서 복음의 금메달이 막달라 마리아인 것과 같습니다. 술람미 여인은 세상적으로는 여전히 보잘것없었지만, 하나님 앞에서는 깃발을 꽂은 일등 미인이었습니다.

오늘도 우리는 이 갈등을 매일하고 있습니다. 우리는 하나님 앞에서 엄청 은혜를 받고 변화가 되었습니다. 그러나 세상 사람들이나 친구나 가족들은 그것을 인정해주지 않습니다. 그러면 어느 모습이 진짜 내 모습입니까? 우리는 깃발의 자격이 있을까요? 없을까요? 우리는 깃발의 자격이 있습니다. 천국에서 금메달은 가장 많이 변한 사람에게 주어지는 것입니다. 착한 사람이 착해지면 노메달입니다. 그러나 동네 최고 악질이 겸손해지고 교회에서 최고로 말없이 봉사하는 사람이 되었다면 그는 금메달인 것입니다.

2. 사랑함으로 병이 들었다

사람은 마음에 병이 들 때가 있습니다. 마음에 병이 심하게 들면 아무 데도 아픈 것 같지 않는데 아무것도 하지 못하고 비실거리다가 죽거나 심지어는 자살까지 하는 경우가 있습니다. 옛날에는 마음의 병은 병으로 인정하지도 않았습니다. 그러나 지금은 너무나도 많은 사람이 마음의 병으로 죽든지 자살을 하니까 이제는 아주 무서운 병인 줄 알게 되었습니다. 그런데 마음의 병에는 좋은 마음의 병도 있고 악한 마음의 병도 있습니다.

2:5, "너희는 건포도로 내 힘을 돕고 사과로 나를 시원하게 하라 내가 사랑하므로 병이 생겼음이라"

이런 기쁨의 잔치가 있은 후에 술람미 여인은 병에 든 것 같습니다. 그는 음식도 먹지 않고 잠도 자지 않고 얼굴이 수척해졌습니다. 그러나 이것은 술람미 여인이 하나님을 너무 사랑한 나머지 생긴 병이었습니다. 우리가 하나님의 은혜를 받으면 간혹 병이 들 때가 있습니다. 왜냐하면 너무나도 하나님의 역사가 강력해서 음식을 먹을 수도 없고 잠을 잘 수도 없고 일상적인 일도 할 수 없을 정도로 비정상이 되기 때문입니다.

우리가 그릇이나 병에 기름이나 물을 부으면 차게 됩니다. 그런데 계속 기름이나 물을 부으면 넘치게 됩니다. 마찬가지로 하나님의 은혜가 우리에게 임할 때 나에게 맞는 분량만 임하면 기분이 딱 좋을 것입니다. 그러나 부흥이 일어날 때는 내가 감당할 수 없을 정도로 하나님의 은혜가 부어서 넘치게 됩니다. 만일 우리가 우리 자신의 감정을 감당할 수 없게 되면 우리는 울게 됩니다. 사람은 너무 슬퍼도 울지만, 기뻐도 울게 됩니다. 그런데 너무 기쁘면 기절을 해버리게 됩니다. 그리고 음식도 먹지 않고 잠도 자지 않고 기도만 계속하니까 육신이 감당하지 못해서 병이 들어버리는 것입니다.

술람미 여인의 마음속에는 하나님의 은혜가 점점 더 넘치게 되었습니다. 나중에는 술람미 여인의 그릇으로는 하나님의 은혜를 감당할 수 없었습니다. 그래서 술람미 여인은 하나님의 은혜에 붙들려서 밤도 자지 않고 음식도 먹지 않고 울면서 힘없이 누워있기만 했는데, 얼굴이 마르고 눈이 푹 들어간 것이 큰 병에 걸린 것 같았습니다.

대개 마음에 병이 드는 것은 두 가지 경우입니다. 하나는 분노 때문입니다. 누군가가 소리를 지르고 못된 말을 하면 마음에 병이 들게 되는데 이것이 화병입니다. 요즘은 화병으로 죽는 경우가 많습니다. 지금 사람들은 거의 이런 나쁜 마음의 병에 걸려서 죽어가고 있습니다. 화병 때문에 돌연사하기도 하고 살인을 하기도 하고 자살을 하기도 하고 암이나 심근경색으로 죽기도 합니다. 지금 현대인들은 분노하는 마음의 병에 걸려서 모두 죽어가고 있습니다.

다른 하나는 사랑 때문입니다. 그런데 옛날에는 사랑하기 때문에 마음의 병이 걸리는 경우가 많았습니다. 괴테가 쓴《젊은 베르테르의 슬픔》을 보면, 베르테르는 다른 남자의 아내인 샤로테를 너무 사랑해서 자살합니다. 이 당시에는 이 소설을 보고 모방해서 자살하는 사람들이 아주 많았다고 합니다. 그런데 왜 남의 아내를 좋아하며 왜 사랑해서는 안 되는 사람을 사랑하느냐 하는 것입니다. 그 정답은 예수를 믿지 않아서 그런 것입니다.

그런데 우리가 예수를 믿고 하나님을 너무 사랑하게 되면 먹지도 않고 마시지도 않고 사람도 만나지 않고 하나님만 사랑하기를 원할 때가 있습니다. 이것이 바로 하나님을 너무 사랑해서 생기는 사랑의 병입니다. 교인 중에 설교 말씀에 너무 은혜를 받으면 다른 것은 하고 싶지 않고 설교만 듣고 기도만 하고 싶을 때가 있습니다. 어떤 분은 너무나도 하나님의 은혜를 갈망해서 며칠 금식하면서 성령이 임하게 해 달라고 기도했습니다. 그런데 이분에게 정말 뜨거운 성령이 임했습니다. 그는 몸이 뜨거워지면서 불붙는 것 같았고, 목소리도 변하고, 몸도 뜨거워지게 되었습니다. 그리고 그는 사흘 동안 잠도 자지 않고 먹지도 않고 "아바, 아버지!"라고 소리 지르면서 기도했다고 합니다.

그러나 술람미 여인의 이 병은 중한 병이 아니기 때문에 건포도를 먹고 사과를 먹으면 낫는다고 했습니다. 건포도는 포도당의 당도가 가장 높은 열매였습니다. 사과도 단맛이 나는 아주 시원한 과일입니다. 우리나라도 예전에 청송 사과를 먹으면 사과 안에 꿀 같은 것이 들어있어서 얼마나 달고 시원했는지 모릅니다. 엘리야도 침체되어 로뎀 나무 밑에서 하나님께 죽게 해달라고 간구했을 때 하나님은 그에게 먹을 것을 주시고 마실 물을 주시고 잠을 실컷 자게 하셔서 고쳐주셨습니다.

2:6, "그가 왼팔로 내 머리를 고이고 오른팔로 나를 안는구나"

이 구절을 솔로몬이 술람미 여인을 포옹하는 장면으로 생각하는데, 그런 것이 아닙니다. 아마 술람미 여인이 하나님을 너무 사랑하다보니까 먹지 못해서 잠시 졸도한 것 같습니다. 이때 잘못해서 머리를 땅에 부딪치면 머리를 다치게 되고 또 허리가 땅이 부딪치면 허리가 다치게 되니까 허리를 잡아주어야 합니다. 우리가 은혜를 너무 받으면 기절할 때가 있습니다. 하나님을 사랑해서 사랑의 병이 날 때가 하나님을 첫사랑 할 때입니다. "예수 나의 첫사랑 되시네." 이때가 가장 신앙이 뜨겁고 순수할 때입니다. 이것이야말로 하나님과 나와의 첫사랑입니다. 에베소 교회는 이 첫사랑을 잃어버렸다고 했습니다. 첫사랑을 잃어버리면 촛대를 빼앗기게 됩니다(계 2:5).

3. 나를 깨우지 말라

술람미 여인은 힘이 없고 병든 것 같았지만 마음은 그렇게 행복하고 평안할 수 없었습니다. 그래서 술람미 여인은 계속 이 잠에 취하고 싶고 계속 이 병으로 누워 있고 싶으니까 주위 사람들에게 자기를 깨우지 말라고 부탁합니다.

2:7, "예루살렘 딸들아 내가 노루와 들사슴을 두고 너희에게 부탁한다 내 사랑이 원하기 전에는 흔들지 말고 깨우지 말지니라"

술람미 여인은 하나님의 첫사랑이 얼마나 빨리 달아나는지 잘 알고 있었습니다. 특히 친한 사람들이 와서 세상 이야기를 떠들어대면 하나님의 은혜는 금방 달아나고 맙니다. 예루살렘 딸들은 어떤 여자들입니까? 이들은 세상적인 여인들입니다. 즉 그들은 세상의 명품에 마음이 빼앗겨있고 남편이나 아이들의 성공으로 자랑할 거리가 많은 여자들입니다. 이런 여자들이 술람미 여인이 아프다는 소문을 듣고 몰려와서 자기들 뒤에 아픈 여자를 눕혀 놓고는 자기들의 명품이나 자랑하고 세상 이야기나 하면 하나님의 은혜는 금방 사라져 버리게 되고 술람미 여인은 가장 초라한 여자가 되고 마는 것입니다.

제가 어렸을 때 아주 분하고 억울한 때가 있었습니다. 그것은 제가 독감에 걸려서 아무것도 먹지 못하고 있는데 가족들이 모여서 "너는 아파서 아무것도 먹지 못하지?"라고 하면서 자기들끼리 입에서 먹는 소리를 내면서 음식을 맛있게 먹을 때 얼마나 분하고 억울한지 모릅니다. 아니, 아픈 사람이 있으면 죽이라도 주고 미음이라도 주고 난 후에 자기들끼리 밥을 먹어야 하는데 우리 집은 그런 배려가 전혀 없었습니다. 그래서 아픈 아이는 어두운 데서 억울하고 분해서 베개를 적시면서 울고 있었던 것입니다.

"내가 노루와 들사슴을 두고 너희에게 부탁한다"고 했습니다. 노루와 들사슴은 너무 잘 놀라는 짐승입니다. 노루나 들사슴은 옆에서 바스락 소리가 나기만 하면 깜짝 놀라고 무슨 소리만 나기만 하면 달아나 버립니다. 마찬가지로 하나님의 은혜도 너무 예민하고 민감하기 때문에 사람들이 조금만 소리를 지르고 인간적인 방법을 쓰면 달아나 버립니다.

교회 교인들은 모두 약하고 예민한 분들입니다. 교인들은 누군가가 소리를 지르거나 큰 소리를 내면 깜짝 놀라서 달아납니다. 그래서 교회에서는 절대로 큰 소리를 내어서는 안 됩니다. 교회에서는 이야기할 때도 조용조용하게 해야 하고 경상도 사람이라고 해서 싸우듯이 큰 소리로 이야기하면 안 됩니다.

우리는 하나님의 첫사랑을 잃어버려도 안 되지만, 큰 소리를 내어서 하나님의 은혜가 놀라서 달아나게 해서도 안 됩니다. 그러면 술람미 여인이 하나님의 은혜에 취해서 잠들어있는 것을 깨우지 않고 계속 자게 내버려두어도 되는 것일까요? 걱정할 필요가 없습니다. 내 사랑이 와서 깨워줍니다. "여인아, 이제는 일어나서 정신을 차려야지"라고 하면 여인은 발딱 일어나게 됩니다. 예수님의 제자들도 변화산에 올라가서 정신없이 있었는데, 예수님께서 정신 차리게 해 주시니까 그들은 또 원래 상태로 돌아와 산 아래로 내려갔습니다(마 17:1-8). 여기서 예루살렘 이야기는 은혜를 도망치게 한다는 사실을 깨달아야 합니다. 세상 이야기는 우리가 받은 은혜를 다 까먹게 합니다. 하나님의 은혜 안에 깊이 잠겨 있다가 주님이 깨우시면 일어나서 또 열심히 일을 하시기 바랍니다.

06

사랑의 환상

아 2:8-13

옛날 한때 우리나라에서 〈겨울연가〉라는 드라마가 인기를 끈 적이 있었습니다. 이 드라마에는 아주 잘 생기고 매력적인 남학생이 여학생과 연애하는 장면이 나오는데, 이 두 사람은 수업 시간을 빼먹고 남이섬에 가서 놉니다. 그리고 그들은 벤치 위에 눈으로 작은 눈사람을 만들어 놓습니다. 그리고 담을 넘어갈 때도 남자가 땅에 엎드리면 여자는 그 등을 밟고 넘어갑니다. 특히 이 드라마는 일본 여성들 사이에 폭발적인 인기를 끌게 되었는데, 아마도 일본에는 그렇게 잘생긴 남자 배우가 없었던 것 같습니다. 그리고 여자에게 그렇게 잘 해주는 남자도 없었던 것 같습니다. 그래서인지 일본 여성들은 이 〈겨울연가〉를 보고 난 후에 너무 이 드라마와 주인공들을 사랑해서 수도 없이 남이섬에 와서 구경하고 또 눈사람을 만들어 놓은 곳에서 사진을 찍기도 했습니다. 그리고 그 남자 배우 얼굴이 찍힌 티셔츠를 사기 위해서 전국의 백화점을 다 도는 사람도 있었고, 그 드라마를 보려고 한국어를 배우는 사람도 있었고, 그 주인공이 지나간다는 소문을 들으면 아침부터 그 거리에 나와서 진을 치고 있는 여성들이 많이 있었습니다.

사람이나 동물이나 한번 이성의 사랑에 빠지면 약간 비정상이 되고 멋도 부리고 정신없이 사랑에 빠지는 경우를 보게 됩니다. 이때 사랑하는 사람들은 사랑의 환상에 빠지게 됩니다. 온 세상이 자신들의 배경이고, 자기네 두 사람만 우주의 주인공이 되는 것입니다. 그리고 서로 사랑하는 동안 시간만 있으면 자연 속에 나가서 데이트하고 꽃을 따고 장난도 치고 하면서 세상에 대하여 아무 걱정도 하지 않습니다. 왜냐하면 그들에게는 젊음이 있고 용기가 있고 사랑이 있기 때문입니다.

누구든지 이런 사랑의 환상을 겪었던 적이 있을 것입니다. 사랑하는 사람이 좋아서 하루에도 몇 번씩 편지를 써서 보내고, 시도 지어 보내고, 시간만 나면 잠깐이라도 만나서 같이 걷다가 집 앞까지 데려다주고, 그리고 헤어질 때는 서로 아쉬워 수도 없이 손을 잡았다가 놓았다가 하다가 나중에 할 수 없이 헤어졌던 경험이 모두 다 있을 것입니다. 그러나 그때는 현실을 잘 모릅니다. 그리고 그렇게 사랑하는 자기들 앞에 어떤 고난이 찾아올지 꿈에도 생각하지 못합니다.

오래 전에 어떤 영국의 잡지사 기자가 취재차 한국에 오게 되었습니다. 그런데 어느 날 길을 찾지 못해서 당황해하고 있는 중에 어떤 멋지게 생긴 한국 남자가 그에게 친절하게 길을 가르쳐주었습니다. 이 일을 계기로 그 기자와 한국 청년은 사귀게 되고 사랑을 하게 되었습니다. 그리고 영국 기자는 갑자기 본사에서 오라고 해서 급히 한국을 떠나게 되었습니다. 그러나 이 연인들은 이렇게 갑자기 헤어질 줄 몰랐습니다. 그래서 서로의 이름도 잘 모르고 살고 있는 곳도 전혀 몰랐습니다. 그런데 이 여기자는 그 남자의 아기를 임신하고 있었습니다. 그런 와중에 남자는 갑자기 여기자가 없어지니까 그 잡지사에 수없이 편지를 보내었지만 거기를 그만두었다는 답장밖에 받지 못했습니다. 시간이 흘러 30년이 지난 후 여기자가 낳은 아기는 벌써 다 큰 처녀가 되어 있었습니다. 그런데 그 여기자는 한국 남자를 잊지 못해 결혼하지 않고 그 아이만 키웠습니다.

그리고 아이가 장성한 후에 청년이 된 딸에게 자기와 함께 한국에 놀러가자고 했습니다. 딸은 세상에 좋은 곳이 그렇게 많은데, 왜 외진 곳에 있는 한국을 가자고 하느냐고 투덜거렸습니다. 그런데 이 여인의 속마음에는 옛날 자기가 사랑했던 남자의 나라를 또다시 가보고 싶었던 것입니다. 이 여인은 예전에 자기가 사랑했던 남자를 다시 만날 수는 없었지만 그의 목소리와 그의 옷차림과 그와 함께 갔던 곳들을 다 기억하고 있었습니다. 그리고 비로소 딸에게 그 이유를 설명해 주었습니다. "옛날에 엄마가 잡지사 기자였을 때 사랑했던 남자가 있었는데, 바로 이 나라 남자란다. 너는 그 남자의 아이이고, 나는 그 남자를 한 번도 잊어본 적이 없단다." 딸은 그제야 어머니의 마음을 이해할 수 있었습니다.

사랑은 정말 이상합니다. 한번 사랑에 빠지면 사람이 반쯤 미친 것같이 됩니다. 그리고 현실을 생각하지도 않습니다. 그저 시간만 나면 같이 산을 같이 올라가고 꽃들을 구경하고 서로 장난을 치고 서로 같이 있는 것만 좋아합니다.

이런 현상이 바로 신앙에서도 일어나게 됩니다. 우리가 하나님을 인격적으로 만나고 하나님의 사랑에 빠지게 되면 마치 그분과 연애하는 것 같습니다. 그때는 성경을 읽는 것이 너무 좋고 설교 말씀 듣는 것이 그렇게 기쁠 수가 없습니다. 왜냐하면 그 말씀은 내가 사랑하는 사람의 말이고, 내가 사랑하는 사람이 보낸 글이기 때문입니다. 그리고 정신없이 교회에 오게 되는데 새벽기도 시간에도 오고, 수요일도 오고 금요일도 오고 일요일은 하루 종일 교회에 있게 됩니다. 청년들 같은 경우에는 성가대 봉사도 하고 주일학교 봉사도 하고 예배도 드리고 어떤 때는 하루 종일 굶어가면서도 교회에 있는 것을 좋아합니다. 그때 부모들은 자녀가 이렇게 빠져 있는 모습을 보면 너무 싫어합니다. 그러나 하나님의 사랑에 빠지고 예수님의 사랑에 빠진 청년들은 이미 학벌이나 직장에도 관심이 없고, 목숨을 걸고 오지로 가서 복음을 전하다가 죽고 싶어 할 정도입니다.

우리나라에 있는 외국 선교사의 묘비를 보면 그들의 나이가 거의 이십대에 선교 사역을 시작한 것을 볼 수 있습니다. 그들은 모두 하나님의 사랑에 열정이 펄펄 끓어올라서 자신의 젊음과 성공을 바치고 목숨을 바쳐서 예수님을 사랑했던 것입니다.

솔로몬의 설교를 들은 술람미 여인에게도 이런 현상이 일어나게 되었습니다. 그것은 바로 술람미 여인이 하나님의 사랑에 빠진 것이었습니다.

1. 사랑하는 자의 목소리

술람미 여인이 솔로몬과 동네 여인들과 함께 신앙의 잔치를 하고 난 후에 더욱더 그 신앙이 성숙하게 되었습니다. 그래서 그 후부터 술람미 여인은 사랑하는 자의 목소리를 가장 기다리고 좋아하게 되었습니다.

2:8상, "내 사랑하는 자의 목소리로구나"

드디어 술람미 여인은 솔로몬이 말하는 말씀의 맛을 알게 되었습니다. 그래서 술람미 여인이 "내 사랑하는 자의 목소리로구나"라고 말한 것은 술람미 여인이 솔로몬의 목소리를 좋아했다는 뜻도 있지만, 사실은 그 목소리 안에 들어있는 하나님의 말씀에 눈이 뜨여진 것을 말하는 것입니다. 그래서 예수님은 "내 양은 내 음성을 안다"고 하시면서 "타인의 음성은 알지 못하는 고로 타인을 따르지 아니하고 도리어 도망하느니라"(요 10:3-5)고 하셨습니다.

우리나라는 양을 키우지 않으므로 양의 습성을 잘 모릅니다. 그러나 우리나라 사람들은 강아지를 많이 키우기 때문에 강아지의 습성을 잘 압니다. 강아지는 자기 주인의 음성을 알아듣습니다. 강아지는 자기 주인의 발걸음 소리도 알아듣습니다. 그래서 자기 주인이 오는 소리를 들으면 멀리서도 알아듣고 펄쩍펄쩍 뛰며 기뻐서 좋아하는 소리를 지릅니다. 그리고 주인이 나타나면 꼬리를 흔들면서 몸을 주인의 다리에 비비면서 좋아합니다. 그러다가 주인이 "산책 가자"라고 하면 그 말을 알아듣고 너무 기뻐서 벌써 문 앞에 가서 기다리고 있습니다.

남자와 여자가 서로 사랑하면 단 하루라도 서로의 목소리를 듣지 않으면 불안해합니다. 왜 전화를 하지 않는 것일까? 혹시 어디가 아픈가? 아니면 내가 어제 뭐라고 잔소리를 해 기분이 상했는가? 혹시 누가 내 사랑하는 사람의 기분을 나쁘게 했는가 하면서 걱정하게 됩니다. 그래서 사랑하는 사람은 기차나 버스를 타고 집에 갈 때도 잘 도착했으면 잘 왔다고 전화해야 합니다. 결국 사랑하는 사람의 목소리가 애인의 삶을 다 차지하고 있는 것입니다. 그래서 집에 있을 때나 친구와 있을 때도 사랑하는 사람이 전화하면 벌써 알아채고 "그 사람이야"라고 하면서 전화를 받습니다.

마찬가지로 우리가 처음 하나님의 말씀을 듣고 죄 용서함을 받은 후 우리는 하나님의 사랑에 빠지게 됩니다. 그래서 일단 우리는 자신이 새롭다는 것을 알게 됩니다. 하나님의 사랑을 받는 우리는 얼마나 대단한 사람입니까? 그래서 시간을 내서 성경책을 읽고 기도에 빠지게 됩니다. 기도하는 것이 하나님과 통화하는 시간인 것입니다. 그리고 주위에 있는 모든 것이 너무 아름답고 심지어는 돌 한 개 풀 한 포기조차도 아름답고 신선하고 신기하게 보이게 됩니다.

예수님께서는 주위에 있는 모든 것이 하나님의 목소리였습니다. 예수님은 공중에 나는 새를 통해서 하나님의 음성을 들었고, 들에 핀 백합화를 통해서도 하나님의 말씀을 들었습니다. 예수님은 참새 한 마리를 통해서도 하나님의 목소리가 들렸습니다. 바로 "너는 내 사랑하는 아들이요 내가 제일 좋아하는 아들이니라" 하시는 하나님의 음성이었습니다.

우리 성도들은 주님의 음성을 들으면 새로운 힘이 생기고 그렇게 신기하고 기쁠 수가 없습니다. "내 사랑하는 자의 목소리"가 무엇입니까? 바로 하나님의 말씀입니다. 하나님의 말씀은 하나님이 나를 아신다는 증거입니다. 그리고 하나님의 말씀은 나에게 힘을 주고 용기를 주고 불가능한 것을 가능하게 합니다. 그러나 이것은 사랑하는 사람 사이의 밀어일 때가 많습니다. 사랑하는 사람들끼리는 남들이 모르는 암호를 많이 사용합니다.

사사기 6장에 보면, 기드온은 미디안 군대를 보고 기가 죽었을 때, 양털을 가지고 하나님께 시험하는 기도를 했습니다. "하나님, 만일 저를 버리시지 않는다면 저 많은 양털에만 이슬이 내리게 해 주십시오"라고 기도했을 때, 정말 양털에만 이슬이 내렸습니다. 그런데 다른 사람들은 양털에만 이슬이 내린 사실조차 몰랐습니다. 그래도 기드온은 자신이 생기지 않으니까 하나님께 다시 기도하기를 "다음 날은 양털에만 이슬이 내리지 않고 다른 데 이슬이 내리게 해 주십시오"라고 기도했습니다. 다음 날 실제로 양털만 뽀송뽀송하고 온 들판의 흙이나 돌이나 풀잎에는 흥건하게 이슬이 내렸습니다. 이것이 바로 기드온에게는 "내 사랑하는 자의 목소리"인 것입니다.

하나님의 목소리가 아니면 세상의 목소리든지 마귀의 목소리입니다. 하와는 뱀의 목소리를 따라 선악과의 열매를 따 먹고 타락하고 말았습니다. 마귀는 예수님에게 돌로 떡을 만들어 먹으라고 했지만 예수님은 그 소리를 듣지 않았습니다. 가룟 유다는 예수님을 배신하고 돈을 받으라는 말을 따랐다가 영원히 멸망하고 말았습니다. 예수님의 부활을 믿지 않고 엠마오로 가던 두 제자는 예수님이 성경을 풀어 해석해 주는 말씀을 듣고 마음이 뜨거워지는 것을 느꼈습니다. 하나님의 음성이 들리는 것은 하나님이 우리에게 가까이 계신다는 증거입니다. 하나님의 음성이 들리는 것은 우리가 바른 축복의 자리에 있다는 증거입니다.

2. 빨리 달려오는 사랑

하나님께서는 우리가 위기에 빠졌거나 혹은 하나님의 도우심이 필요해서 부르짖을 때 미적거리면서 늦게 오거나 미루시는 분이 아니십니다. 우리가 고통 중에 하나님을 부를 때 하나님은 수단과 방법을 가리지 않고 가장 빠른 방법으로 달려오십니다. 만약 딸이 집 앞에서 깡패들을 만나서 "아빠! 살려주세요!"라고 소리를 지르면 아빠는 딸의 목소리를 듣고 맨발로 창문을 뛰어넘어서 밖으로 뛰어나가서 깡패들과 싸울 것입니다. 예전에 이태원에서 청년들 수백 명이 깔려서 죽어갈 때 어떤 딸이 아빠에게 스마트폰으로 긴급요청을 보냈는데, 다행히 아빠는 먼 곳에 있지 않아서 택시를 잡아타고 그곳에 갔고, 차가 들어가지 못하는 곳부터는 뛰어가서 청년들이 깔려있는 거기서 딸을 찾아서 건져냈다고 합니다.

저는 부끄럽게도 우리 집 아이가 초등학교 졸업할 때부터 미국에서 대학원 졸업할 때까지 한 번도 졸업식장에 간 적이 없습니다. 졸업식장에 간 사람은 항상 엄마였습니다. 그런데 그 좋지 않은 행동은 아버지로부터 유전된 것 같습니다. 우리 아버지도 자식들 모두 졸업식 때 단 한 번도 간 적이 없으셨습니다. 아마 술을 마신다고 바쁘셨든지 아니면 화투한다고 시간이 없으셨든지 그 많은 자식의 졸업식에 한 번도 가신 적이 없으셨습니다. 그래서 그 나쁜 유전인자가 저에게 유전된 것 같습니다. 그러나 하나님은 우리가 어려움에 처하거나 기도할 때 무관심하시거나 늑장을 부리는 게으른 분이 아니십니다. 하나님은 수단과 방법을 가리지 않고 가장 빠른 길로 달려오십니다.

2:8하, "보라 그가 산에서 달리고 작은 산을 빨리 넘어오는구나"

하나님은 우리가 위기에 처해서 살려달라고 부르짖을 때 어떤 장애가 있어도 뛰어넘어 우리에게 달려오십니다. 산이 앞을 가로막고 있을 때 삥 둘러서 오면 시간이 많이 걸릴 것입니다. 그러면 하나님은 산 위를 뛰어서 넘어오십니다. 작은 산도 사실 우리에게 오는데 장애가 될 수 있습니다. 그러나 하나님은 아주 빠른 속도로 작은 산을 넘어서 달려오실 것입니다. 특히 우리가 중병에 걸려 있을 때라면 하나님은 천사를 수간호사로 보내서서 스물네 시간 지키게 하실 것입니다.

하나님은 다니엘이 사자 굴에 들어갔을 때 천사를 보내서서 밤새 다니엘을 지키셨습니다. 하나님은 다니엘의 세 친구 사드락과 메삭과 아벳느고가 용광로에 들어가서 타 죽게 되었을 때 즉시 천사를 보내어서 용광로 안에서 그들의 몸을 지켜주셔서 머리털 하나 옷자락 하나도 불에 탄 냄새조차 나지 않게 하셨습니다. 이렇게 우리가 어려운 일을 당해서 하나님께 부르짖을 때 이미 하나님은 우리 옆에 와서 계십니다. 히스기야가 앗수르 군대의 공격을 받고 부르짖었을 때 하나님은 천사를 보내서서 앗수르 군사 18만 5천 명을 하룻밤 사이에 다 죽이셨습니다. 또 하나님은 히스기야가 중병에 걸려서 피골이 상접해서 죽어갈 때 그를 살려주시고 그 증표로 태양의 그림자가 십도 물러가게 하셨습니다.

그래서 우리는 하나님의 음성을 먼저 듣는 것이 중요합니다. 우리가 하나님의 음성을 듣지 않고 아무리 소리를 지르고 기도해도 소용이 없습니다. 이것은 통신 불발입니다. 하나님의 말씀을 듣고 부르짖으며 기도할 때 하나님은 우리를 구하기 위하여 달려오십니다. 그래서 예수 믿는 것과 믿지 않는 것 사이에는 위기 때 천지 차이가 있습니다. 그리고 평소에 성경 강해를 듣는 것과 너무 약한 설교를 듣는 것 사이에도 큰 차이가 있습니다. 하나님의 반응이 틀린 것입니다.

2:9상, "내 사랑하는 자는 노루와도 같고 어린 사슴과도 같아서"

하나님께서 우리를 위하여 달려오시는 모습은 노루와도 같이 빠릅니다. 노루는 높은 담장이 있어도 얼마든지 껑충 뛰어넘습니다. 또 어린 사슴과도 같다고 했습니다. 어린 사슴은 잘 뛰지는 못하지만 소리를 내지 않습니다. 하나님은 우리에게 오실 때 큰말처럼 "히히힝" 우는 소리를 내거나 "따그닥따그닥" 발굽 소리를 내는 것이 아니라 아무 소리도 없이 산을 뛰어넘어서 달려오십니다.

3. 사랑의 장난

사랑하는 사람은 오라고 하면 빨리 달려오지만, 다 온 후에는 마치 오지 않은 것처럼 장난을 칠 때가 많습니다. 그래서 여자 친구 집에 왔을 때도 바로 초인종을 누르지 않고 전봇대 뒤에 숨어 있다든지 해서 자기를 찾도록 하는 것입니다. 왜냐하면 사랑하는 젊은이들은 에너지가 넘치기보다는 그저 장난을 쳐야 재미가 있기 때문입니다. 그런데 70, 80 넘은 분들이 옛날 생각이 난다고 해서 숨어서 장난을 치다가는 꼭 사고를 저지르게 됩니다. 나이가 드신 분들은 앉았다 일어나다가 허리를 다치기도 하고 넘어지면 골반이 다치기도 하기 때문에 아예 장난칠 생각을 하지 말아야 합니다. 그리고 아내도 그렇게 하는 것을 좋아하지도 않습니다. 그러나 젊었을 때는 장난치는 것이 너무 재미있고 또 장난치다가 다쳐도 별것 없습니다.

2:9하, "우리 벽 뒤에 서서 창으로 들여다보며 창살 틈으로 엿보는구나"

남자 애인이 여자 애인 집에 찾아와서는 안 온 체하며 숨어있는 이유는 자기를 찾아보라는 뜻이 있습니다. 그래서 집밖에 나와 열심히 자기를 찾고 있을 때 갑자기 나타나서 뒤에서 "왁!" 하면서 놀라게 해주려는 것입니다.

이것은 하나님께서도 마찬가지입니다. 하나님은 우리가 어려울 때나 병들었을 때 우리 가까이 와 계십니다. 그러나 하나님은 문을 열고 뚜벅뚜벅 걸어 들어오시는 것이 아니라 우리 주위에 숨어 계십니다. 하나님이 숨어 계시는 이유는 우리에게 하나님을 찾아보라는 뜻입니다. 그렇게 우리가 하나님을 열심히 찾을 때 하나님은 의외의 장소에서 나타나셔서 우리를 놀라게 하십니다. 하나님은 우리를 놀라게 하시는 분이십니다. 그래서 우리는 하나님을 계속 찾아야 합니다.

그런데 우리가 하나님을 잊어버리고 찾지 않으면 하나님은 화를 내십니다. "왜 나를 안 찾는 거야?"라고 하면서 소리를 지르실 것입니다. 그러나 우리가 처음 하나님을 알고 신앙의 맛을 알고 나면 사랑의 환상에 빠지게 됩니다. 즉 믿음의 세계가 너무 좋고 목사님이 천사 같고 성도들 한 사람 한 사람이 귀하게 느껴집니다. 개들도 사랑스러워서 더 이상 발로 차지 않고 고양이마저도 괴롭히지 않습니다. 그리고 개미들이 지나가는 것을 보고서도 발로 밟지 않습니다. 왜냐하면 자연의 모든 것이 다 아름답기 때문입니다.

2:10-13, "나의 사랑하는 자가 내게 말하여 이르기를 나의 사랑, 내 어

여쁜 자야 일어나서 함께 가자 겨울도 지나고 비도 그쳤고 지면에는 꽃
이 피고 새가 노래할 때가 이르렀는데 비둘기의 소리가 우리 땅에 들리
는구나 무화과나무에는 푸른 열매가 익었고 포도나무는 꽃을 피워 향
기를 토하는구나 나의 사랑, 나의 어여쁜 자야 일어나서 함께 가자"

아마도 이때는 너무나도 데이트하기에 좋았던 계절인 것 같습니
다. 이제 추운 겨울도 지났고, 들에는 꽃들이 피어있습니다. 이럴 때
연인들은 당연히 꽃이 피는 곳이나 산에 가서 데이트할 것입니다. 날
씨가 좋은 날에는 어두운 커피숍보다 바깥 환한 곳이 얼마나 더 좋은
지 모릅니다. 여성들은 높은 하이힐을 신으면 걷기도 힘들지만 사랑
할 때는 아무 상관이 없습니다. 이 남자를 꼭 잡아야겠다고 생각될 때
발이 좀 아픈 것이 문제가 되겠습니까? 맨발로라도 같이 갈 것입니다.
꽃도 피어있고 새 소리도 들리고, 자연이 얼마나 아름다운지 모릅니
다. 온 세상이 자기들의 사랑을 축복해 주는 것 같습니다.

그러나 이 환상은 얼마 가지 않아서 깨어지고 지독한 현실을 겪게
됩니다. 그러나 이런 환상적인 사랑이 있었기 때문에 나중에 어려움
이 생기고 시련이 와도 끝까지 견딜 수 있는 것입니다. 지금 여러분은
하나님과 사랑에 빠졌습니까? 지금 환상에 빠져 있습니까? 그것은 좋
은 일입니다. 최고로 아름다운 것입니다. 그러나 현실은 그렇게 꼭 아
름다운 것만은 아닙니다. 곧 우리는 현실의 고통을 맛보게 될 것입니
다. 이스라엘 백성은 홍해를 건넌 후 무지막지하게 더운 광야를 사십
년 동안 걸어야만 했습니다. 이것이 현실입니다. 그러나 하나님은 우
리 가까이 계십니다. 하나님을 계속 찾으시기 바랍니다.

작은 여우를 잡으라

아 2:14-17

에릭 시걸의 〈러브 스토리〉라는 영화를 보면, 하버드대학을 다니는 남자 주인공과 그 옆에 있는 래드클리프 여대를 다니는 여주인공이 도서관에서 만나 사랑에 빠지게 됩니다. 하버드대 남학생과 래드클리프 여대생이 만나서 좋아하게 되었다고 하면, 이 자체로 이미 소설감이 충분히 되고도 남습니다. 래드클리프 여대는 여대 중에서는 아주 좋은 대학인데 나중에 하버드대학에 편입됩니다. 하버드대 다니는 청년은 집이 갑부이고 아버지가 억만장자여서 하버드대학에 기부를 많이 하고 건물도 지어주었습니다. 그리고 이 학생은 잘생기고 곱슬머리 금발인 데다가 아이스하키 선수이고 로스쿨을 다닙니다. 거기에 비해 래드클리프 여대를 다니는 여학생은 공부는 잘하지만 집이 가난하고 도서관에서 사서를 하면서 아르바이트를 했습니다. 이 두 사람이 눈 내리는 하버드 교정에서 눈싸움할 때 나오는 음악은 두고두고 많은 이에게 감동을 줬습니다.

남자 주인공은 아버지의 절대적인 반대를 무릅쓰고 아버지와 손절까지 하면서 이 가난한 여대생과 결혼해서 학생 부부로 삽니다. 여주인공은 남자 주인공에게 너는 아버지를 어떻게 부르느냐고 물으니까 'SOB'라고 부른다고 했습니다. SOB는 아주 나쁜 욕입니다. '개자식' 같은 뜻입니다. 그러나 여주인공은 암에 걸려서 투병하다가 죽게 됩니다. 남자는 하나님을 향해서 "하나님, 스물일곱 된 여자가 무엇을 안다고 그렇게 일찍 죽어야 하나요?"라고 울면서 항의합니다. 이 두 주인공이 캠퍼스에서 만나서 눈싸움하고 사랑했던 것이 환상이라면, 현실은 가난이고 암이고 죽음이었습니다.

술람미 여인은 솔로몬에게 자기는 "사론의 수선화요 골짜기의 백합화로다"(2:1)라고 고백하고 있습니다. 언젠가 한번 신문에서 '수선화'에 대하여 쓴 사진과 기사를 보았습니다. 사진에 본 수선화는 생각보다 훨씬 더 아름다웠습니다. 수선화는 하얀 꽃잎이 별 모양으로 여섯 갈래로 갈라지는데 가운데는 왕관같이 노란 수술이 피어있습니다. 그 신문에는 수선화는 지중해 지역이 원산지인데, 지금 제주도에 피어있다고 했습니다. 수선화는 약재로도 쓰이는데, 줄기는 열을 내려주고 혈액순환을 도와주는 역할을 한다고 했습니다. 그리고 부스럼과 종기를 치료하며 최근에는 화장품으로 개발되었다고 합니다.

젊은 남자와 여자가 만나서 사랑에 빠지게 되면 완전히 현실 같은 것은 생각하지 않습니다. 이들은 서로 하루라도 만나지 않으면 죽을 것 같은 것은 물론이고, 하루 종일 사랑하는 사람만 생각합니다. 그리고 결혼하게 되면 아기를 낳고 서로 죽을 때까지 행복하게 살아갈 것만 생각합니다. 그렇게 그들은 현실이라는 것은 생각하지 않습니다. 그러다가 한번 사랑에 큰 위기가 닥칠 때가 찾아옵니다. 그것은 역시 현실 문제입니다. 예를 들어서 부모가 상대 총각이나 처녀를 너무 싫어해서 절대로 결혼하지 못한다고 심하게 반대하면 서로 만나지 못하게 됩니다. 또 어느 한쪽이나 양쪽 모두 결혼식을 올릴 돈조차 없다면 그들의 사랑은 위기를 겪게 됩니다. 그리고 남자나 여자에게 심각한 병이 있다는 것을 알게 되면 과연 이런 사랑을 해야 하는지 의심이 생기게 됩니다.

이것은 신앙적인 면에서도 마찬가지입니다. 우리가 처음 예수를 믿고 하나님을 믿게 되면 세상 모든 것이 아름답게 보입니다. 교회에 오는 것이 그렇게 즐겁고 봉사하는 것이 그렇게 기쁠 수 없습니다. 설교 말씀을 들을 때도 주의를 집중해서 듣고 은혜를 받으면 울기도 하고 웃기도 합니다. 그러다가 교회를 좀 오래 다니다 보면 교회의 현실이 눈에 보이기 시작합니다. 교회 중직자들이 모이면 세상 이야기나 하고 목사님 욕을 하고 또 다른 교인들을 향해 욕도 합니다. 어떤 사람은 돈을 빌려달라고 하고 갚지 않거나, 어떤 사람은 자기를 이용만 하는 것 같을 때도 있습니다. 그러면 그는 실망해서 교회에 나가지 않게 됩니다. 그래서 지금 우리나라에는 가나안 교인들이 수백만 명이 된다고 합니다.

신앙의 환상이 지나고 나면 현실이 눈에 보이게 됩니다. 즉 자기를 그렇게 사랑하고 믿었던 분이 나를 의심하고 있었다는 것을 알게 되고, 또 교회 나가는 것을 두고 부모님이나 가족의 반대가 너무 심하거나 혹은 가난이나 질병이 오래 가게 되면 하나님을 사랑하는 마음이 식어지게 되는 것입니다. 이것이 바로 사랑의 위기이고 신앙적인 위기입니다.

술람미 여인은 솔로몬의 설교를 듣고 자기 자신감을 찾고 자신의 아름다움을 찾았습니다. 그리고 하나님의 사랑에 얼마나 깊이 빠졌는지 사랑하므로 병이 들었다고 했습니다. 사람이 누군가를 너무 사랑하면 병이 들게 됩니다. 그런데 술람미 여인은 현실의 큰 타격을 받게 되었습니다. 요즘으로 치면 가정에서 심한 반대가 생긴 것입니다. 술람미 여인의 경우에는 너무 하나님의 말씀을 사랑해서 설교 말씀을 들으러 자주 가는 바람에 술람미 여인이 지키던 포도밭이 엉망이 되어버린 것이었습니다. 이것을 보고 아버지나 오빠들이 술람미 여인에게 너무 꾸짖으므로 그녀는 더 이상 설교를 들으러 솔로몬에게 갈 수 없게 되었습니다.

1. 얼굴을 숨겨버린 여인

남녀가 서로 사랑하다가 어느 날 갑자기 한 사람의 모습이 나타나지 않을 때가 있습니다. 아무리 전화 연락을 해도 받지 않고 문자를 보내도 보지도 않고 편지를 써도 답장이 없습니다. 이때 만남을 거절당한 쪽에서는 속이 타게 됩니다. '도대체 무엇 때문에 이 여자가 나를 만나지 않는가? 도대체 무엇 때문에 이 남자는 내가 연락해도 받지 않는가? 이 사람은 왜 약속 장소에 아무 말도 없이 나타나지 않았을까?' 이때 마음이 그렇게 답답할 수 없습니다. 서로 사랑하다가 한쪽이 숨어버리는 이유는 서로 사랑할 수 없는 문제가 생겼기 때문입니다. 즉 가족의 반대가 너무 심했다든지 또 병이 있는 것이 발견되어서 서로 사랑하면 안 되겠다는 생각이 들었다든지 아니면 상대방의 진정성에 의심이 생겼다든지 해서 더 이상 만나서는 안 되겠다는 생각이 들었기 때문입니다. 이것이 바로 현실이 드러난 것입니다.

어느 날 갑자기 솔로몬이 설교하는 곳에 오지 않았습니다. 그리고 솔로몬은 더 이상 술람미 여인의 얼굴을 볼 수 없게 되었습니다. 요즘으로 치면 어떤 분이 그렇게 열심히 교회에 나오더니 어느 날부터 갑자기 발을 완전히 끊어버리고는 교회에 나오지 않는 것입니다. 저는 교회에서 그런 일을 수도 없이 겪었습니다. 그렇게 열심히 교회에 나오고 말씀도 잘 들으셨는데 어느 순간부터 보이지 않는 것입니다. 그래서 도대체 어떻게 된 것인지 알아보면 그동안 먼 도시로 이사를 가신 분도 계시고, 또 아프서서 교회에 나오지 못하신 분도 계시고, 마음에 시험이 들어서 나오지 못하신 분도 계셨습니다.

2:14, "바위 틈 낭떠러지 은밀한 곳에 있는 나의 비둘기야 내가 네 얼굴을 보게 하라 네 소리를 듣게 하라 네 소리는 부드럽고 네 얼굴은 아름답구나"

술람미 여인은 솔로몬의 설교를 들으면서 하나님이 자기를 사랑하신다는 사실을 깨달았습니다. 술람미 여인은 자신을 찾으면서 아름다워지기 시작했습니다. 그리고 말이나 행동도 달라지기 시작했습니다. 술람미 여인은 신약의 막달라 마리아처럼 변했던 것입니다. 막달라 마리아는 일곱 귀신이 들렸었는데 히스테리 발작과 두통과 우울증과 화병과 온갖 정신 질환으로 고통을 받았습니다. 그러니까 머리를 빗는다거나 혹은 화장한다는 것은 상상할 수 없었고 입만 벌리면 욕설이고 아무나 대놓고 싸움질하기 일쑤였습니다. 그러다가 막달라 마리아는 예수님을 만난 후 설교를 듣고 또 예수님의 기도를 받고 그의 정신 질환이 전부 다 나았습니다. 그리고 막달라 마리아는 아름다워지기 시작했고 말도 아주 은혜스럽고 고와지게 되었습니다. 술람미 여인에게도 그런 아름다운 변화가 있었습니다.

그런데 이상하게 어느 날부터 갑자기 솔로몬은 술람미 여인의 얼굴을 찾아볼 수 없게 되었습니다. 마치 술람미 여인은 큰 낭떠러지 절벽 바위 속에 얼굴을 감추고 있는 것처럼 찾아갈 수도 없고, 그렇다고 해서 술람미 여인이 얼굴을 보여주지도 않았습니다. 솔로몬은 다시는 술람미 여인의 은혜스러운 목소리를 들을 수 없게 되었습니다. 그 이유가 무엇일까요? 술람미 여인에게 현실이 보이기 시작했기 때문입니다. 술람미 여인이 아무리 하나님의 은혜를 받았다고 하지만 그렇다고 해서 모든 것이 저절로 다 되는 것은 아니었습니다. 신앙이라고 하는 것이 요술방망이는 아니었던 것입니다.

술람미 여인이 하나님의 사랑에 미쳐있는 동안 술람미 여인이 돌봐야 하는 포도원은 완전히 엉망이 되어 있었습니다. 그리고 술람미 여인의 아버지나 오빠들은 술람미 여인이 그렇게 하나님의 말씀에 빠지는 것을 좋아하지 않았습니다. 아버지나 오빠들은 그것이 시간 낭비라고 생각했고, 술람미 여인이 연애 짓을 하러 솔로몬의 설교를 들으러 다닌다고 생각했던 것입니다. 그래서 아버지는 술람미 여인을 방안에 가두어 놓고 "네가 여전도사나 된다고 생각하느냐? 왜 포도원을 팽개치고 하루 종일 솔로몬이 설교하는 곳에 가서 시시덕거리고 있느냐?"고 책망하면서 "너는 당분간 집 밖으로 나가지 못한다"고 금지령을 내렸던 것입니다. 이것은 오빠들도 마찬가지였습니다. 그들은 "지금 이 세상이 얼마나 먹고 살기 어려운데 네가 솔로몬의 설교를 듣는다고 먹을 것이 생기냐, 아니면 하늘에서 금덩어리라도 떨어지는 줄 아느냐? 그것은 전부 시간 낭비란 말이야!"라고 하면서 야단을 쳤습니다. 술람미 여인은 너무 가족의 반대가 심하니까 더 이상 솔로몬이 설교하는 곳에 갈 수 없었습니다.

그러나 술람미 여인에 대한 솔로몬의 마음은 간절했습니다. "술람미 여인이여 당신은 아버지나 오빠들의 말을 들으면 안돼요. 당신은 이미 하나님 앞에서 비둘기같이 아름다운 눈을 가졌고, 당신의 목소리는 너무 은혜스러운 목소리가 되었소. 우리는 모두 당신의 목소리를 듣고 싶어 하고 있어요."라고 말을 하고 있었던 것입니다.

우리는 때때로 성경 말씀에서 전하는 내 모습과 주위 사람들이 하는 말이 너무 달라서 과연 어느 것이 진짜 내 모습인지 헷갈릴 때가 많습니다. 정말 나는 하나님의 존귀한 자녀로 변했는지, 아니면 아직 직장도 변변찮고 쓸모도 없는 사람인지, 하나님이 나를 사랑하시면 왜 우리 집에 이런 비극이 생기게 되었는지, 이해가 되지 않는 것입니다. 술람미 여인의 현실은 완전히 폐허가 되어버린 포도원과 같았습니다. 어떻게 다 망가진 포도원을 다시 회복시켜서 열매를 맺게 할 수 있을까요? 술람미 여인은 너무 은혜받은 것을 후회하고 있었습니다.

2. 작은 여우를 잡으라

2:15, "우리를 위하여 여우 곧 포도원을 허는 작은 여우를 잡으라 우리의 포도원에 꽃이 피었음이라"

겉으로 나타난 술람미 여인의 포도원은 완전히 망한 것 같지만, 자세히 살펴보면 해결 방법이 없는 것은 아니었습니다. 바로 이것이 하나님의 지혜의 놀라운 점입니다. 술람미 여인의 포도원을 망친 범인은 작은 여우 몇 마리였습니다. 이 작은 여우 몇 마리를 잡고 포도나무의 상한 것이나 넝쿨이 쳐진 것을 치료해주고 바로 잡아주면 아직은 얼마든지 제대로 된 포도원이 될 가능성이 있습니다.

술람미 여인이 기도하면서 다 망가진 포도원을 보고 있으니까 무엇인가 뛰어다니고 있는 것이 보였습니다. 그것은 바로 작은 여우들이었습니다. 술람미 여인은 포도원이 망가진 이유를 찾았습니다. 그것은 그녀가 하나님의 말씀을 사랑했거나 자신이 아름다워졌기 때문이 아니라, 작은 여우 몇 마리가 포도원에 들어와서 포도원을 망가뜨려 놓았기 때문이었습니다.

우리나라 농가는 멧돼지 때문에 피해가 심각합니다. 어떤 곳에는 멧돼지가 사과농장에 들어가서 사과만 따먹는 것이 아니라 나무 자체를 부러트려 놓기도 합니다. 또 무, 배추, 고구마밭에 들어가서 밭을 다 헤쳐 버리고 일 년 농사지은 것을 다 먹어버립니다. 그래서 농부들은 멧돼지를 퇴치하기 위해서 울타리에 빨간 불을 켜놓기도 하고 호랑이 배설물을 동물원에 가서 사다가 뿌리기도 하고, 심지어는 멧돼지 틀을 만들어 생포하든지 아니면 전문 사냥꾼을 고용해서 총으로 쏘아죽이기도 합니다.

그런데 포도원을 허는 작은 여우는 퇴치할 방법이 있었습니다. 우선 동네에서 개를 빌려오는 것입니다. 그러면 개들이 뛰어다니면서 여우를 잡을 수 있었습니다. 그렇지 않으면 같이 모이는 여자나 어린 아이들이 모여서 막대기를 가지고 한 줄로 서서 여우들을 코너로 몰아가서 잡을 수도 있었습니다.

결국 우리에게 생긴 어려움은 약간만 기다리면 해결 방법이 생깁니다. 우리가 그것을 기다리지 못하기 때문에 고민하고 걱정하는 것입니다. 여우의 천적은 개입니다. 개만 열 마리 빌려오면 얼마든지 작은 여우를 잡을 수 있는 것입니다.

옛날에는 포도원을 가정이나 교회로 생각했습니다. 그러면 가정을 허무는 작은 여우는 무엇일까요? 누가 너무 허영심이 심해서 마이너스 카드를 마구 긁는다든지 비싼 옷이나 구두 같은 것을 산다든지 하면 가정이 허물어질 수 있습니다. 어떤 경우에는 서로 대화가 부족해서 별것 아닌 것에 오해하는 바람에 가정이 무너질 수도 있습니다. 또 아버지나 형이 너무 술을 많이 마셔서 알코올 중독이 되는 바람에 가정이 깨어질 수도 있고, 남편이나 누군가가 부정을 저질러서 가정이 깨어지는 경우도 있습니다. 또 교회 안에서도 누군가가 파벌을 만든다든지 혹은 성격이 나빠서 다른 사람들을 무차별로 공격한다든지 혹은 사람들을 꼬아서 이단에 데리고 간다든지 하면 그 교회는 무너지게 됩니다. 교인들을 교회 밖의 성경공부에 자꾸 데리고 가는 것도 포도원을 허물 수 있습니다. 어떤 사람은 설교가 마음에 들지 않으면 사방팔방 다 전화해서 데리고 나갑니다.

3. 술람미 여인의 축복

이미 술람미 여인은 하나님 앞에서 특별히 축복받은 여인이었습니다. 왜냐하면 그가 그렇게 하나님의 말씀을 사랑했고 하나님의 말씀 때문에 핍박을 받았기 때문입니다. 하나님의 말씀 때문에 고난당한 자는 무조건 하나님의 자녀입니다. 그리고 그에게는 다른 사람들을 축복할 수 있는 권한이 있습니다.

2:16, "내 사랑하는 자는 내게 속하였고 나는 그에게 속하였도다 그가 백합화 가운데에서 양 떼를 먹이는구나"

"내 사랑하는 자는 내게 속하였고 나는 그에게 속하였도다"라는 것이 무슨 뜻일까요? 수학에서 A는 B에 속하였고, B는 A에 속하였다는 것은 A와 B는 같다는 뜻입니다. 즉 B는 A에 대하여 독점적 권한이 있다는 것입니다. 예를 들어서 세계적인 명품들은 자기 회사 지사를 전 세계에 세워서 그곳에서만 자기 회사 제품을 사도록 합니다. 그래서 백화점에 가보면 샤넬에서는 샤넬 가방만 팔고, 루이뷔통에서는 반드시 루이뷔통 가방만 살 수 있습니다. 그렇지 않고 한 가게 안에서 이 제품 저 제품을 파는 곳은 짝퉁일 가능성이 큽니다.

마찬가지로 성령의 강한 역사나 큰 부흥은 아무 데서나 일어나지 않습니다. 이런 엄청난 축복은 하나님의 말씀으로 고난받고 죽도록 하나님의 말씀을 사랑하는 자가 독점하게 됩니다. 즉 성령의 역사가 그 사람을 통해서만 나타나는 것입니다. 그래서 다른 데서 일어나는 부흥은 짝퉁 부흥입니다. 술람미 여인은 방안에 처박혀 있으면 안 되었습니다. 그에게는 진정한 성령의 역사가 있었기 때문입니다.

2:17, "내 사랑하는 자야 날이 저물고 그림자가 사라지기 전에 돌아와서 베데르 산의 노루와 어린 사슴 같을지라"

지금 날은 어두워지고 있습니다. 나무의 그림자들은 점점 희미해지고 있습니다. '베데르 산'은 솔로몬이 양을 치면서 술람미 여인과 같이 갔던 산인 듯합니다. '베데르'라는 말은 자기들이 붙인 이름인 것 같은데 '쪼개어진' 산이란 뜻입니다. 즉 산에 절벽이 있는 곳입니다. 거기에는 노루도 있고 어린 사슴도 있었습니다. 그런데 이제 노루와 어린 사슴은 노는 시간이 다 끝났고 집에 가야 합니다. 노루와 어린 사슴은 저녁에 물도 마셔야 하고, 또 소금도 먹어야 합니다. 노루와 어린 사슴은 맹수에게 쫓겨서 굶고 있는 교인들일 수 있습니다. 더 어둡기 전에 이들에게 가서 같이 돌보아 주자고 말하고 있습니다.

지금 하나님의 말씀에 굶주린 사람들이 엄청 많습니다. 소금을 먹지 못한 짐승들도 많습니다. 우리는 베데르 산에 가야 합니다. 온 세상에 귀한 하나님의 축복을 나누어주는 성도들이 다 되시기를 바랍니다.

08
사랑을 잃어버림

아 3:1-4

우리나라는 6.25 전쟁의 비극으로 가족이 서로 헤어져 생사조차 모르는 이산가족이 천만 명이나 되었다고 합니다. 그때 누구의 아이디어였는지 모르겠지만, 지금부터 40년 전 KBS 방송이 1983년 6월 30일부터 11월 4일까지 저녁 10시 15분부터 시작한 방송은 길게는 새벽 4시까지 논스톱으로 〈이산가족 찾기〉 생방송을 진행했습니다. 그때 KBS 부근에는 잃어버린 가족을 찾아보겠다고 수십만 명의 이산가족이 몰려들었습니다. 그리고 실제로 이산가족을 찾은 사람들도 많았습니다. 그때 그 방송을 보고 울지 않은 사람이 없었을 것입니다. KBS와 여의도의 벽이란 벽에는 잃어버린 가족을 찾는 종이가 다닥다닥 붙어 있었고, 40년만에 살았는지 죽었는지도 모르고 지내던 가족이 방송을 통해 만나게 되면 서로 부둥켜안고 울었습니다. 이 방송은 세계적으로 유래가 없었고 전 세계가 한국의 이산가족에 관심을 가졌습니다.

요즘 우리나라에서는 어렸을 때 가족을 떠나서 외국에 입양되었던 사람들이 자기 부모나 형제를 찾기 위해서 자신의 유전자 정보와 아이를 잃어버렸을 때 상황 등을 경찰서나 연결된 기관에 제출합니다. 그러면 나라에서 그동안 등록되었던 자료와 컴퓨터를 돌려서 같은 DNA를 찾게 되는데 '같은 가족일 확률이 99.99%'라고 나오면 잃은 가족을 찾은 것입니다. 그래서 서로 만나면 비록 언어는 통하지 않지만 서로 부둥켜안고 웁니다. 어떤 자매는 서로 쌍둥이인데 쌍둥이인지도 모른 채 서로 다른 나라에 입양되었는데 만나보니까 얼굴이 똑같은 것입니다. 그리고 먹는 것이나 좋아하고 싫어하는 것도 똑같았다고 합니다. 그 쌍둥이들은 거울이 필요 없다고 했습니다. 왜냐하면 서로의 얼굴을 보면 그것이 바로 자기 얼굴이었기 때문입니다.

우리도 전부 이산가족입니다. 영어로 표현하면 'Lost boy'이고 'Lost girl'인 것입니다. 우리는 모두 이 세상의 여러 나라에 흩어져 입양된 사람들입니다. 좋은 양부모를 만나서 행복하게 산 사람도 있고 나쁜 양부모를 만나서 죽도록 고생만 하고 행복하지 못하게 산 사람도 많이 있습니다. 우리의 진짜 아버지는 하나님이십니다. 그래서 하나님의 DNA와 우리의 DNA를 맞추어보면 99.99%가 정확하게 일치하는 것을 볼 수 있습니다. 그때 우리는 감격하며 하나님을 아버지라고 부릅니다.

사람들은 흔히 아가서를 솔로몬과 술람미 여인의 사랑 이야기라고 생각합니다. 더욱이 많은 신학자나 목회자들은 아가서에는 음탕한 성적인 내용이 들어 있다고 말합니다. 왜냐하면 아가서는 첫마디부터 키스 이야기가 나오기 때문입니다. "내게 입 맞추기를 원하니"라고 시작합니다. 그리고 "왼팔로 내 머리를 고이고 오른팔로 나를 안는다"는 말도 나오고, "네 유방은 암사슴의 쌍태 새끼 같다"고 하고, "네 배꼽은 둥근 잔 같다"고 말하고 있습니다. 그래서 오랫동안 교회는 아가서를 예수님과 우리 성도들의 사랑을 나타낸다고 생각했습니다.

그러나 저는 아가서를 '서사시'라고 생각했습니다. 서사시는 실제로 있었던 일을 시로 승화시켜서 표현한 형식입니다. 솔로몬은 실제로 형들의 박해를 피해서 청소년 때 엔게디 골짜기에 와서 양을 치던 시절이 있었다고 봅니다. 그리고 솔로몬은 그 동네에서 자기가 아는 하나님의 이야기를 전하다가 술람미 여인을 만나게 되었던 것입니다.

솔로몬이나 술람미 여인은 모두 자신의 정체성을 찾지 못했습니다. 솔로몬은 다윗의 아들이고 왕자였고 특히 하나님의 말씀에 엄청난 지식이 있는 사람이었습니다. 그러나 예루살렘에서는 아무도 솔로몬의 성경 지식이나 설교의 능력을 인정해주지 않았습니다. 그리고 술람미 여인은 거친 오빠들 사이에 자라면서 자신의 아름다움을 몰랐습니다. 그러다가 솔로몬이 엔게디 어느 마을의 우물가에서 자기가 아는 하나님의 말씀을 전했을 때 폭발적인 반응이 일어나게 되었습니다. 왜냐하면 그 시골 사람들은 순수했기 때문입니다. 그때 가장 놀라운 반응을 보였던 여자가 술람미 여인이었습니다. 술람미 여인은 마치 수선화가 꽃이 피듯이 아름다워졌고 향기가 났습니다. 그러나 술람미 여인의 아버지나 오빠에게 중요한 것은 이런 변화가 아니었습니다. 그들이 중요하게 생각했던 것은 오직 포도원 즉 돈이었습니다. 그래서 술람미 여인은 아버지나 오빠들의 심한 반대로 오랫동안 솔로몬의 설교를 듣지 못하였고, 그의 뜨거운 마음은 식어지게 되었습니다.

1. 술람미 여인의 첫사랑

술람미 여인은 자기가 아름답게 생겼다는 것도 몰랐습니다. 왜냐하면 거친 오빠들 사이에 크는 바람에 아무도 술람미 여인을 예쁘다고 말해주는 사람이 없었기 때문입니다. 아마 술람미 여인의 집은 심한 남존여비 사상을 가졌던 것 같습니다. 그래서 아버지나 오빠들은

"아무 쓸모도 없는 계집애"라고 하면서 욕이나 하고 포도원을 지키는 일이나 염소를 돌보는 일을 시켰습니다. 술람미 여인은 자신의 아름다움이나 하나님의 말씀에 대한 갈증을 모르고 살았습니다. 그러다가 어느 날 술람미 여인이 사는 동네에 한 낯선 남자가 찾아왔습니다. 그는 형들을 잠시 피하여 시골에 온 솔로몬이었습니다. 솔로몬은 뛰어난 설교자였습니다. 그러나 솔로몬은 예루살렘에서는 인정받지 못했습니다. 왜냐하면 예루살렘은 부 중심의 도시였고 정치에 미친 도시였기 때문입니다.

솔로몬은 그 동네의 우물가나 나무 밑에서 여자나 어린이들에게 하나님의 이야기를 해주었습니다. 술람미 여인도 누군가가 와서 하나님 이야기를 해 준다고 하니까 한번 들어나 보려고 동네로 나갔습니다. 그런데 술람미 여인은 솔로몬의 설교를 듣자마자 눈물이 터져 나왔습니다. 솔로몬의 설교 안에는 '하나님이 나를 사랑하신다'는 내용이 들어있었기 때문입니다. 술람미 여인은 지금까지 누군가가 자기를 사랑한다는 말을 들어본 적이 없었습니다. 술람미 여인은 하나님이 자기를 사랑하셔서 이 시골구석까지 설교자를 보내어주셨다는 사실을 알았습니다. 그때 그녀는 자기가 사랑받을 자격이 있으며 아름답다는 것을 처음 깨달았습니다. 그때 술람미 여인의 입에서 나온 고백이 "내가 비록 검으나 아름다우니"(아 1:5)라는 것이었습니다. 술람미 여인은 오빠들이 자기를 시기해서 포도원지기로 만들고 염소를 키우게 하는 바람에 비록 얼굴은 햇볕에 타서 검지만 아름답다는 것을 깨달았습니다. 사람들은 누구든지 자기가 아름답다는 것을 깨닫는 순간 아름다워지게 됩니다.

옛날 중동전쟁이 한창일 때 〈타임스〉지 기자가 한 팔레스타인 소녀의 사진을 그 잡지 전면에 냈습니다. 이 소녀는 10대 초반의 소녀였는데 히잡을 쓰고 있었지만, 눈이 파란색인데 그 표정이 아주 강렬했습니다. 저도 그 사진을 보고 강한 인상을 받았습니다. 그 기자는

20년이 지난 후에 그 소녀가 어떻게 변했는지 알고 싶었습니다. 그 래서 기자는 자기가 사진을 찍었던 마을에 가서 수소문했지만 그 소 녀가 어떻게 되었는지 아무도 아는 사람이 없었습니다. 그러다가 우 연히 그 소녀를 아는 친척을 만나서 그 소녀를 찾아서 만나게 되었습 니다. 그녀는 이미 결혼해서 아이가 셋이나 있는 아주머니로 변해 있 었습니다. 그러나 변하지 않은 것은 바로 예전의 그 강렬한 눈빛이었 습니다. 기자도 그 눈빛을 보는 순간 이 아주머니가 옛날 그 소녀라 는 사실을 알았다고 했습니다. 은혜받은 성도들의 눈은 참 순하고 아 름답습니다. 저는 매 주일 그 아름다운 눈을 보면서 얼마나 행복한지 모릅니다.

처음에 하나님의 말씀은 술람미 여인을 찾아왔습니다. 술람미 여 인은 우물가나 동네 큰 나무 밑에 가서 기다리기만 하면 솔로몬이 와 서 하나님 이야기를 해주었습니다. 처음에는 하나님의 말씀을 듣는 것이 너무 쉽습니다. 교회에 가기만 하면 언제든지 하나님의 말씀을 들을 수 있습니다.

그래서 잠언에서는 하나님의 지혜를 사거리에서 혹은 길가에서 바겐세일을 한다고 했습니다. 예수님은 세례 요한 이후로 천국은 침 노하는 자가 빼앗는다고 말씀하셨습니다(마 11:12). 백화점에서 바겐 세일할 때는 누구든지 먼저 들어가서 좋은 물건을 차지하는 사람이 임자입니다. 어떤 명품이든지 먼저 들어가서 돈을 내고 차지하기만 하면 자기 것이 되는 것입니다. 하나님의 나라는 독점 계약으로 되어 있습니다. 즉 누구든지 하나님의 말씀을 차지하는 자가 축복도 차지 하는 것입니다. 술람미 여인은 솔로몬의 설교를 독차지했습니다. 그 래서 그녀는 솔로몬과 아주 가까이에서 하나님의 말씀을 들을 수 있 었습니다.

2. 말씀의 방해꾼

술람미 여인은 얼마나 하나님의 말씀을 사랑했던지 병이 날 지경이었습니다. 누군가를 너무 사랑하는데 만나지 못하면 병이 납니다. 이것은 사람만 대상으로 하는 것이 아니라 문학전집이나 성경, 음악이나 유명한 그림 같은 것도 마찬가지일 것입니다. 헨리 나우엔이라는 천주교 사제는 어느 날 렘브란트의 〈돌아온 탕자〉라는 그림에 필이 꽂혔습니다. 그러다가 어느 날 한 친구가 러시아 여행을 같이 가자고 제안했을 때, 그는 기꺼이 동의했는데 그 이유는 러시아의 상트페테르부르크 에르미타주 미술관에 렘브란트의 〈돌아온 탕자〉 진품이 있다는 사실을 알았기 때문입니다. 그리고 그곳에 간 헨리 나우엔은 아는 사람에게 부탁해서 의자에 앉아서 하루 종일 그 그림을 보았다고 합니다.

술람미 여인은 한동안 솔로몬의 설교에 미친 것 같았습니다. 그러나 술람미 여인의 가족들은 그렇지 않았습니다. 술람미 여인의 아버지나 오빠들은 술람미 여인이 엉뚱한 데 빠졌다고 생각해서 솔로몬의 설교를 듣지 못하게 했습니다. 왜냐하면 술람미 여인이 하나님의 말씀에 미치는 바람에 포도원을 잘 돌보지 못해서 여우가 들어와서 그 땅을 다 파헤쳤기 때문입니다. 술람미 여인의 가족에게 포도원은 돈이었습니다. 술람미 여인의 가족은 하나님의 말씀보다는 돈을 더 중요시했던 것입니다. 그들의 생각은 '솔로몬의 설교를 듣는다고 해서 돈이 하늘에서 떨어지나?' 라는 식이었습니다. 결국 술람미 여인은 솔로몬의 설교를 듣지 못하고 포도원에 갇혀서 여우나 잡아야 했습니다. 그러는 동안에 술람미 여인의 신앙은 점점 약해지게 되었습니다.

제가 예전에 하나님에게 미쳐서 공장이나 대학이나 어디든지 가서 설교하고 바이블 스터디를 할 때 저와 다른 형제를 돕던 자매가 있었습니다. 키가 아주 컸고 한국은행에 근무하던 자매였습니다. 그 자매는 너무 신앙이 순수했고 거기에다가 열정까지 있었습니다. 그러다가 저는 다른 곳에서 개척 교회를 했습니다. 그런데 서울의 어느 작은 교회에 가서 부흥회를 하게 되었는데, 제가 아는 분과 너무 닮은 분이 거기에 계신 것입니다. 그래서 저는 이 세상에는 닮은 분도 있구나 생각하고 있었는데, 예배를 마친 후에 그분이 저에게 오셔서 "목사님, 저 누구입니다"라고 하면서 펑펑 우는 것이었습니다. 그리고 자기 집이 여기서 가까우니까 들르시라고 해서 갔더니, 엄마를 닮은 딸이 두 명 있는데 벌써 학교를 다니고 있었습니다. 그 자매는 짧게 자신의 이야기를 했는데, 신앙이 없는 남편과 결혼해서 교회를 다니지 못하다가 이웃 사람의 권유로 지금은 나가고 있다고 했습니다. 그리고 어느 날 자기 아파트에 전단지가 들어왔는데 자기가 잘 아는 목사님이 부흥회를 한다고 해서 이날만 기다리고 있었다고 했습니다. 그 순수하고 뜨거운 신앙을 가졌던 자매도 교회를 나가지 않으니까 그 신앙이 식어버린 것이었습니다.

어떤 형제도 정말 주님만 의지하고 예수님 제일주의로 살았습니다. 어느 날 그 형제가 쓴 글을 보니까 'Jesus First!'라고 써놓았습니다. 그래서 정말 이 친구는 예수님만 위해서 살겠구나라고 생각했습니다. 그러나 어느 날 이 형제에게 세상에서 돈을 많이 벌어서 성공하고 싶은 욕망이 생겼습니다. 그때부터 이 친구는 교회에 나오지 않았습니다. 저는 그 친구가 다니는 대학에 가서 비를 맞으면서 그 학생을 만났고 신앙의 길을 권유했습니다. 그러나 그 친구는 마음을 바꾸지 않았습니다. 저는 그 친구가 세상에서 얼마나 성공했는지는 모르겠습니다. 그래도 전해 듣기로는 대기업체에서 상무까지는 되었다고 했습니다. 그런데 어느 날 사고가 났습니다. 이 형제가 음주운전으로 앞 차를 들이받았는데 차는 완전히 폐차되었지만 다행히 앞 차에 아무도 타고 있지 않았습니다. 그런 사건이 있은 후 그 형제를 만나서 "너는 앞으로 반드시 교회에 다녀야 한다"고 권면했더니 "알겠습니다"라고 대답했습니다. 지금은 신앙의 길을 잘 가고 있으리라 믿습니다.

3. 하나님의 말씀 찾기

그동안 술람미 여인은 원하기만 하면 언제든지 솔로몬의 설교를 들을 수 있었습니다. 그러나 부모와 오빠들의 강한 반대로 상당 기간 솔로몬의 설교를 들으러 가지 못했습니다. 하나님의 말씀을 오래 듣지 못한 술람미 여인은 우울증이 생기게 되었습니다. 그녀는 더 이상 세상을 살아야 할 이유를 알 수 없었고 미래의 희망도 없었습니다. 그러니 자꾸 우울한 생각이 들었고 죽었으면 좋겠다는 생각까지 들었습니다. 술람미 여인은 우물가에나 동네 큰 나무 밑에 가 보았지만 솔로몬은 보이지 않았습니다. 그래서 동네 사람들에게 물어보니까 솔로몬이 상당히 오래전부터 어디 갔는지 오지 않는다고 했습니다. 술람미 여인은 솔로몬의 설교를 들어야 살 수 있는데, 솔로몬이 사라져 버린 것입니다. 이제는 말씀을 듣고 싶어도 들을 곳이 없어져 버렸습니다.

예전에 하나님의 말씀이 흔할 때는 침상에서도 하나님의 말씀을 들었습니다.

3:1, "내가 밤에 침상에서 마음으로 사랑하는 자를 찾았노라 찾아도 찾아내지 못하였노라"

지금 방식으로 말하면 술람미 여인은 침대나 소파에서도 녹음테이프나 스마트 폰을 통해서 설교를 들을 수 있었습니다. 즉 비대면 예배를 드릴 수 있었습니다. 그러나 어느 순간부터 정작 듣고 싶은 설교는 나오지 않는 것입니다. 세상적인 이야기만 잔뜩 나오는데 그 이야기들은 이제 듣고 싶지 않았습니다.

그래서 술람미 여인은 사람들이 많이 모이는 큰길이나 시장에서 설교하는가 해서 거기로 나가 찾아보았습니다.

3:2, "이에 내가 일어나서 성 안을 돌아다니며 마음에 사랑하는 자를 거리에서나 큰 길에서나 찾으리라 하고 찾으나 만나지 못하였노라"

술람미 여인은 지금으로 말하면 '설마 대형교회나 사람들이 많이 모이는 집회에서는 솔로몬이 설교하고 있겠지'라고 생각하고 그곳에 가보았지만, 거기서도 하나님의 말씀은 들을 수 없었습니다.

제가 대학생 시절에 하나님의 말씀을 듣고 싶어도 들을 수 없었습니다. 그래서 선교 단체를 찾아가 보기도 하고, 예전에 다녔던 교회를 다시 가보기도 하고, 별의별 수단을 다 썼지만, 예수님의 소리를 들을 수 없었습니다. 그때 예수님의 소리를 전하시는 분을 만난 적이 있습니다. 그분은 서대문에 있는 어느 교회에서 목회하고 계셨는데, 저는 그분의 주일 설교는 물론이고 수요일 설교를 듣기 위해서 공릉동에서 서대문까지 찾아갔습니다.

어느 날 어느 기독교 잡지 편집인이 저와 인터뷰하고 난 후 다음 달에는 어떤 분을 추천하겠냐고 해서 그분을 추천했습니다. 그래서 그분이 그다음 호에 나왔습니다. 이 분은 내가 누구인 줄 모르지만 자신의 설교를 기억하고 있다는 사실에 굉장히 감동한 것 같았습니다. 그래서 그분은 저를 만나고 싶어 하셨고 일부러 저희 교회에서 한국 기독교 설교 세미나를 열고 저에게 논평을 부탁한다고 했습니다. 아마 그분이 지금도 살아계신다면 90대 중반쯤 되었을 것 같습니다.

술람미 여인은 솔로몬을 찾아 돌아다니다가 순찰하는 사람들을 만나게 되었습니다.

3:3, "성 안을 순찰하는 자들을 만나서 묻기를 내 마음으로 사랑하는

자를 너희가 보았느냐 하고"

성 안에 순찰하는 사람은 지금의 경찰 같은 사람인데, 사람들이 어디에 많이 모이고 누가 어디에 있다는 것을 가장 잘 알 것입니다. 그러나 그들도 솔로몬을 본 사람이 없다고 했습니다. 솔로몬은 그야말로 갑자기 사라져 버렸습니다. 한번 하나님의 말씀과 멀어지고 나면 다시 찾기가 어렵습니다. 그래서 신앙생활을 잘하던 분이 다른 도시로 이사하면 좋은 교회를 찾아서 이 교회 저 교회 돌아다닙니다. 그런데 도시 전체를 돌아다녀도 정말 예수님의 음성을 전하는 교회를 만나기가 무척 어렵습니다.

그런데 술람미 여인에게 기적이 일어났습니다. 그것은 순찰하는 사람들과 헤어지자마자 마음에 사랑하는 자를 만난 것입니다.

3:4, "그들을 지나치자마자 마음에 사랑하는 자를 만나서 그를 붙잡고 내 어머니 집으로, 나를 잉태한 이의 방으로 가기까지 놓지 아니하였노라"

술람미 여인이 하나님의 말씀을 되찾은 것은 기적이었습니다. 하나님께서는 하나님의 말씀에 목말라하고 배고파하는 자에게 하나님의 말씀을 주십니다. 그제야 술람미 여인은 하나님 말씀의 가치를 알고는 이제는 절대로 놓치지 않고 자기만 아는 밀실로 가기까지 놓치지 않았다고 말하고 있습니다.

우리는 하나님의 말씀으로 사는 자들입니다. 우리는 하나님의 말씀을 꼭 붙잡고 놓치지 말아야겠습니다. 이것이 하나님의 사랑을 잃어버리지 않는 비결입니다.

09

칼을 든 자

아 3:5-11

우리나라는 총기 휴대를 금지하고 있기 때문에 사람들이 밤이나 낮이나 안심하고 거리를 다닐 수 있습니다. 그러나 미국은 누구든지 총기 허가만 받으면 백화점에서도 총을 살 수 있기 때문에 총을 가지고 있는 것이 불법이 아닙니다. 그래서 미국 사람 중에는 생각지도 못하게 총기 사고로 목숨을 잃는 사람들이 많이 있습니다. 어떤 청년은 자기가 졸업했던 학교에 찾아가서 수업하는 학생들과 선생님을 총으로 쏘아서 죽이기도 하고, 어떤 사람은 밤에 술집에 가서 닥치는 대로 총을 쏘아서 많은 사람을 죽이기도 했습니다. 얼마 전에는 미국의 한 대형 교회에서 예배 시간에 어떤 30대 여성이 엽총을 가지고 와서 사람들을 쏘다가 출동한 경찰이 쏜 총에 맞아 죽는 일도 있었습니다. 또 미국의 캔자스시티에서는 올해 미식축구 우승을 축하하기 위하여 많은 청소년이 거리에 쏟아져 나왔는데, 어떤 청년들이 총을 쏘는 바람에 거리에 나온 아이들이 많이 죽거나 다치기도 했습니다.

그에 비하면 우리나라는 참 안전했는데, 요즘 조현병 환자가 거리에 나와서 아무에게나 대놓고 칼을 휘두르는 바람에 다치기도 하고 죽는 사람도 있었습니다. 심지어는 마약을 피우거나 술에 만취해서 자가용을 몰아서 사람을 치고는 뺑소니를 쳤다가 붙들리는 사람도 있었습니다. 이렇게 점점 불안한 사회가 되어가고 있습니다.

옛날에 예루살렘은 아주 안전한 도시였습니다. 밤에 여성이 혼자 다니거나 어린아이가 혼자 심부름을 가더라도 안전한 도시였습니다. 그러나 언제부턴가 예루살렘은 불안한 곳이 되었습니다. 그래서 밤이 되면 으쓱한 곳에 칼을 들고 서 있다가 사람을 찔러 죽이는 괴한도 생겨서 술람미 여인이 사는 동네에서는 순찰하는 사람이 성을 순찰해야만 그런 범죄를 막을 수 있는 곳이 되었습니다.

술람미 여인은 솔로몬이 전해주는 하나님의 말씀을 듣고 자기 자신의 아름다움을 찾게 되었습니다. 술람미 여인은 놀라울 정도로 변하기 시작했고, 너무나도 하나님을 사랑했던 나머지 병이 날 정도가 되었습니다. 그러나 술람미 여인의 이런 변화를 좋아하지 않는 사람들이 있었습니다. 그들은 술람미 여인의 아버지와 오빠들이었습니다. 그들은 술람미 여인의 아름다움보다는 돈을 더 중요하게 생각했습니다. 술람미 여인은 솔로몬의 설교를 들으러 다닌다고 포도원 관리를 소홀히 했습니다. 그랬더니 술람미 여인이 관리하는 포도원에 여우들이 들어와서 온통 굴을 만드는 바람에 포도원을 다 망치게 되었습니다. 술람미 여인의 아버지와 오빠들은 화가 나서 술람미 여인에게 솔로몬의 설교를 들으러 가지 못하게 막아버렸습니다. 그리고 많은 시간이 흘렀습니다.

술람미 여인은 아마 무슨 병이 든 것 같습니다. 그래서 내가 살려면 다시 하나님의 말씀을 들어야 한다고 생각해서 솔로몬이 설교하던 곳으로 달려갔습니다. 그러나 솔로몬은 거기에 없었습니다. 이제 술람미 여인은 성 안을 돌아다녀보기도 하고 큰길에도 가보고 순찰하는 사람에게 물어보기도 했지만 아무도 솔로몬을 보지 못했다고 했습니다. 그러다가 술람미 여인은 순찰하는 사람들과 헤어지자마자 기적적으로 솔로몬을 만나게 되었습니다. 술람미 여인은 이제 다시는 하나님의 말씀을 놓치지 않겠다고 결심해서 솔로몬의 팔을 붙잡고 자신의 밀실로 갔습니다.

여기서 우리가 풀어야 하는 수수께끼는 그동안 솔로몬은 어디에 가서 무엇을 했기에 그 누구도 솔로몬을 찾지 못했느냐 하는 것입니다. 그리고 솔로몬은 도대체 얼마나 오래 술람미 여인의 동네를 떠나 있었느냐 하는 것입니다. 그리고 솔로몬이 다시 돌아왔을 때 완전히 딴사람이 되어서 돌아왔는데, 그동안 솔로몬에게 무슨 일이 있었느냐 하는 것입니다.

1. 솔로몬은 어디에 갔었을까?

술람미 여인이 솔로몬의 설교를 듣지 못하도록 금지 명령을 받은 기간은 상당히 길었던 것 같습니다. 우리가 쉽게 생각하기에는 몇 주 혹은 한두 달 정도 외출을 금지당했을 것 같은데, 사실은 그보다 훨씬 긴 시간 바깥출입을 금지당했고, 솔로몬도 상당한 기간 술람미 여인의 동네를 떠나 있었던 것입니다. 그러면 그동안 솔로몬은 도대체 어디에 가 있었기에 아무도 솔로몬을 찾지 못했을까요? 솔로몬이 사라진 것은 단순히 술람미 여인이 나오지 않아서 화가 나서 숨은 것이 아니었습니다. 솔로몬이 사라진 것은 솔로몬의 신상에 중요한 일이 생겼기 때문이라고 생각됩니다.

솔로몬이 애당초 엔게디 골짜기에 있는 술람미 여인의 동네에 오게 된 것은 형들의 시기 때문에 목숨이 위험했기 때문입니다. 즉 여차하면 형들이 솔로몬을 죽이려고 했기 때문에 솔로몬은 시골로 피해 있었던 것입니다. 그런데 솔로몬이 다시 예루살렘에 돌아갈 수밖에 없었던 것은 아버지가 아프시다는 소문을 들었고, 또 형들이 아버지의 뜻을 어기고 왕위를 탈취하려고 한다는 소식을 들었기 때문입니다.

3:5, "예루살렘 딸들아 내가 노루와 들사슴을 두고 너희에게 부탁한다 사랑하는 자가 원하기 전에는 흔들지 말고 깨우지 말지니라"

우리가 이 구절만 보면 술람미 여인이 옛날의 그 마음의 평안과 안식을 되찾았다는 생각이 들 것입니다. 그러나 이번의 안식과 평안은 옛날 아무것도 모를 때와는 엄청나게 다른 것이었습니다.

다윗이 늙었을 때, 다윗은 살아 있었지만 하나님의 말씀을 좋아하지 않는 사람들에 의해서 이스라엘의 질서는 문란해지고 있었습니다. 다윗은 이미 늙어서 방에서 밖으로 나올 수 없었습니다. 더욱이 다윗은 젊어서 사울에게 쫓기고 또 전쟁을 하면서 스트레스를 많이 받아서 그런지 혈액 순환이 좋지 못했던 것 같습니다. 그래서 몸이 차서 밤에는 이불을 덮어도 따뜻하지 않았습니다.

이때 솔로몬의 이복형이었던 아도니야는 거의 자기가 왕인 것처럼 예루살렘의 정치를 쥐고 흔들었습니다. 그래서 예루살렘이나 심지어는 술람미 여인이 사는 시골까지 밤이 되기만 하면 칼을 들고 설치는 강도들과 불량배들이 돌아다녔던 것입니다. 이때 불법적으로 왕의 행세를 했던 솔로몬의 형 아도니야를 추종했던 사람들은 오랜 기간 다윗 왕에게 충성을 다했던 군대장관 요압과 제사장 아비아달이었습니다. 수십 년 동안을 다윗에게 충성을 다했던 그들이 아도니야에게 붙었다는 것은 왕위가 아도니야에게 거의 다 넘어간 것이나 마찬가지였습니다. 이스라엘은 하나님의 나라인데 아도니야가 실권을 잡음으로 이스라엘은 인간이 좌지우지하는 인간의 나라가 거의 다 되었던 것입니다.

그러나 모든 사람이 다 인간의 나라를 좋아했던 것은 아니었습니다. 이때 중요한 역할을 맡은 사람이 바로 나단 선지자였습니다. 나단 선지는 아도니야가 아예 왕위 즉위식까지 하려는 것을 알고는 솔로몬의 어머니 밧세바에게 다윗 왕에게 이 사실을 알리라고 말하고는 솔로몬에게도 돌아와야 한다고 연락했던 것 같습니다. 이때 아도니야가 얼마나 건방진 사람이었는가 하면 아예 왕자들과 요압장군과 여호야다와 고위직 사람들을 에느로겔 근방의 소헬렛 바위에 불러놓고 자기 마음대로 왕위 즉위식을 하고 있었습니다. 이때 천만다행이었던 것은 다윗은 비록 몸이 차고 또 힘이 없어서 바깥출입이 힘들 뿐이지 치매가 온 것은 아니었다는 사실입니다.

그때 다윗은 거동은 불편했지만 정신 하나는 아주 또렷했습니다. 그래서 밧세바가 왕의 침실에 들어가서 "지금 아도니야가 왕위 즉위식을 하는데 왕이 허락하셨습니까?"라고 물으니까, 다윗 왕은 "나는 허락한 적이 없다"고 분명히 말했습니다. 그리고 "내가 살아계신 하나님의 이름을 두고 맹세하노니 이스라엘 다음 왕은 솔로몬이다"라고 분명히 밝혔습니다. 그리고 "나단 선지자와 사독 제사장과 브나야를 불러서 솔로몬을 기혼 샘에 내 나귀에 태워가지고 가서 왕이 되게 하라"고 명령했습니다. 그래서 다윗의 충신들은 솔로몬을 데리고 왕의 나귀에 태워서 기혼 시내에 가서 왕의 즉위식을 했던 것입니다. 그리고 모든 백성들은 솔로몬 왕 만세를 부르고 솔로몬은 아도니야와 요압과 아비아달을 불러서 자기 멋대로 행동한 것에 대하여 근신을 명했습니다. 그들이 근신하지 않고 또 다시 멋대로 행동할 때는 살지 못할 것이라고 경고했습니다. 그러나 이들은 모두 근신하지 않았습니다. 그래서 아도니야나 요압은 죽게 됩니다. 이렇게 솔로몬이 술람미 여인의 동네를 떠난 동안에 그야말로 사느냐 죽느냐 하는 엄청난 일들이 벌어졌던 것입니다.

그리고 솔로몬은 무엇을 했겠습니까? 솔로몬은 다른 일들은 다 제쳐놓고 하나님 앞에 기도하는 일천번제를 드렸습니다. 이것은 자기 자신을 하나님께 바치고 또 바치고 또 바치는 것이었습니다. 결국 하나님께서는 솔로몬에게 "네가 구하는 것이 무엇이냐?"고 물으셨습니다. 그때 솔로몬은 부귀영화를 구하지 않고 건강이나 장수도 구하지 않고 적들을 다 물리치는 것을 구하지도 않고, 오직 하나님의 지혜를 구했습니다. 그러고 난 후에 솔로몬은 술람미 여인을 찾아와서 서로 기적적으로 다시 만나게 되었습니다. 보통 사람 같으면 자기가 왕이 되었을 때 시골 여자 같은 사람은 잊어버리고 긴 세월이 지난 후에 우연히 생각나면 '그 여인은 지금쯤 어떻게 되었을까?' 회상이나 할지 모릅니다.

가끔 어떤 남자는 첫사랑을 잊지 못해서 그리워하다가 삼사십 년이 지난 후에 다시 만나는 사람도 있습니다. 6·25 때 우리나라에 파병되었던 어떤 튀르키예 병사는 길에서 고아가 되어 울고 있는 한 여자 어린아이를 부대에 데리고 와서 딸처럼 돌보아 주었습니다. 그런데 이 병사는 종전이 되어서 튀르키예로 돌아가게 되었습니다. 그런데 딸처럼 돌보아주던 여자아이를 데려갈 수 없었습니다. 그는 튀르키예로 돌아가서 결혼도 했지만 이 한국 소녀를 잊지 못하고 그리워했습니다. 요즘은 인터넷이 발달해서 자기 사연을 인터넷에 올렸는데, 이 소녀와 연락이 닿게 되었습니다. 튀르키예 병사와 아내가 한국에 왔는데, 이들은 90세가 되어 있었고 소녀는 60이 넘었는데 손자까지 두고 있었습니다.

그러나 솔로몬은 왕이 된 후 이 술람미 여인을 오랫동안 잊지 않았습니다. 솔로몬은 몇 년이 지나지 않아서 이 술람미 여인을 찾아왔습니다. 그러나 이번에는 양 떼를 데리고 온 것이 아니라 왕을 호위하는 군인들 60명을 거느리고 왕의 가마를 타고 당당하게 술람미 여인을 찾아왔던 것입니다.

2. 솔로몬의 당당한 모습

솔로몬은 그동안 자기 형 아도니야의 불법적인 행동을 물리치고 이스라엘의 왕이 되었습니다. 아버지 다윗의 충신 요압이나 제사장 아비아달이 아도니야를 지지했다는 것은 솔로몬이 거의 왕위를 뺏긴 것이나 마찬가지였습니다. 그러니까 솔로몬은 불법적으로 거의 다 넘어가는 이스라엘을 도로 찾은 것이었습니다. 그리고 술람미 여인을 찾았다는 것을 통해 솔로몬이 말씀으로 변화된 사람을 얼마나 중요하게 생각했는지 알 수 있습니다.

술람미 여인이 사는 동네의 모든 여자들이 보니까 굉장한 가마가 하나 자기 동네로 오고 있었습니다.

3:6-8, "몰약과 유향과 상인의 여러 가지 향품으로 향내 풍기며 연기 기둥처럼 거친 들에서 오는 자가 누구인가 볼지어다 솔로몬의 가마라 이스라엘 용사 중 육십 명이 둘러쌌는데 다 칼을 잡고 싸움에 익숙한 사람들이라 밤의 두려움으로 말미암아 각기 허리에 칼을 찼느니라"

술람미 여인의 동네 사람들이 발견한 것은 분뇨나 퇴비를 싣고 가는 달구지가 아니었습니다. 아마 그런 수레가 지나가고 나면 오래 악취가 남을 것입니다. 그러나 술람미 여인의 동네에 나타난 가마는 이 세상 어디에서도 맡을 수 없는 향기가 나는 수레였습니다. 몰약은 썩지 않는 방부제 역할을 합니다. 솔로몬의 가마는 절대로 썩는 냄새를 풍길 수 없었습니다. 그 대신 예루살렘에서 최고로 고급인 향유 냄새가 났습니다. 그리고 예루살렘만이 아니라 전 중동 지방을 다니면서 장사하는 사람들에게서 산 향유 냄새가 풍겼습니다.

그리고 이 새로운 가마가 등장했을 때 마치 들판에 불이 붙은 것처럼 가마에서 빛이 났습니다. 그 이유는 이 가마는 기둥이 은으로 만들어져 있고 바닥은 금이어서 햇빛에 반사되면 눈부시게 아름다웠기 때문입니다. 공군에서는 조난당한 사람이나 땅에 있는 스파이가 조종사에게 연락할 때 작은 거울에 햇빛을 반사시켜서 반짝거리게 합니다. 그러면 다른 무전기의 방해나 도청도 되지 않고 정말 소리 없이 신호를 보낼 수 있습니다.

솔로몬은 너무 늦지 않게 술람미 여인을 찾아왔습니다. 왜냐하면 솔로몬은 술람미 여인에게서 진정한 부흥을 보았기 때문입니다. 만약 솔로몬이 술람미 여인을 너무 늦게 찾아왔다면 이 여인은 더 이상 처녀가 아니고 다른 데 시집을 가버렸다든지 아니면 늙은 여자가 되어 있을지도 모릅니다.

예수님은 제자들에게 "조금 있으면 너희가 나를 보지 못하겠고 또 조금 있으면 나를 보리라"(요 16:16)고 말씀하셨습니다. 제자들은 예수님이 말씀하시는 잠시 후가 도대체 무엇인지 알지 못했습니다. 그러나 예수님은 잠시 동안 죽임을 당하시고 사망과 죄를 이기시고 자신의 피로 의의 제사를 드리시고 제자들을 찾아오셨습니다. 예수님이 부활하신 후 가장 먼저 하신 일은 숨어 있는 제자들을 찾아오신 것이었습니다. 왜냐하면 그들이 이 세상에서 가장 귀한 사람들이었기 때문입니다.

솔로몬의 가마 옆에는 솔로몬을 경호하는 60명의 용사들이 둘러싸고 있었습니다. 그것은 '밤의 두려움' 때문이었습니다. 솔로몬이 왕이 되었지만 아직도 밤이 되면 칼을 가지고 솔로몬을 죽이려는 적들이 곳곳에 숨어 있었습니다. 이제 솔로몬은 한 개인이 아니라 이스라엘의 왕이었기 때문에 공식적으로 경호하는 사람들이 붙어 있었습니다.

일본은 중요한 인물에 대한 경호가 부실한 것 같습니다. 가장 대표적인 예가 아베 전 수상이 길에서 선거 운동을 하다가 어느 청년이 쏜 총에 맞아 죽은 것입니다. 경호하는 사람들은 아베의 앞만 신경을 쓰고 뒤는 별로 주의하지 않았다고 합니다. 이는 말도 되지도 않는 핑계입니다. 우리나라 여자 경호원이 인터뷰를 했는데 자신은 무술이 고단수이고 360도를 항상 살펴야 하고 수상한 사람이 보이면 바로 007가방을 펼치고 즉시 그 사람을 덮쳐야 한다고 했습니다. 007가방이 방탄막인 것입니다.

아직 솔로몬은 아도니야나 요압 같은 반대파들을 제거하지 않았습니다. 그래서 이들이 언제 어디서 솔로몬을 덮칠지 모르기 때문에 싸움에 능한 사람들을 경호원으로 붙였습니다. 요즘 사람들은 너무 자기를 방어하는 데 관심이 없는 것 같습니다. 그래서 항상 사고가 터지고 나면 울고불고하는데 그것이 무슨 소용이 있습니까? 중요한 사람일수록 자신을 자기가 지켜야 하는 것입니다.

3. 솔로몬의 가마

이 세상에서 가장 아름다운 가마는 솔로몬의 가마였습니다. 아마 요즘은 가마보다는 세상에서 가장 멋있는 자가용이 어떤 것이냐에 사람들의 관심이 쏠릴 것입니다. 서울에서 람보르기니 SUV를 봤는데 정말 멋이 있었습니다. 한때 전기차가 엄청나게 인기가 있었는데 지금은 역시 하이브리드가 최고로 많이 팔린다고 합니다. 전기차는 충전에 문제가 있고 더위와 추위에 약하고 화재가 나면 꼼짝하지 못하기 때문이라고 합니다.

솔로몬의 가마는 당시 세계 최고였습니다.

3:9, "솔로몬 왕이 레바논 나무로 자기의 가마를 만들었는데"

여기 벌써 솔로몬을 왕이라고 말하고 있습니다. 레바논의 백향목은 당시 나무 중에서 최고였습니다. 우리나라에서는 왕궁을 지을 때 금강송을 씁니다. 그 나무는 단단해서 웬만해서는 쓰러지지 않을 것입니다. 일본의 높은 사람들이 사는 집을 지을 때는 지진에도 무너지지 않는 튼튼한 나무로 지어야 합니다. 일본은 아파트를 지을 때도 옆집과 다 통하게 짓습니다. 지진이 나면 문이 비틀려서 열리지 않으므로 옆집을 통해 피신해야 하기 때문입니다. 중국의 자금성은 큰 대문을 열 개 통과해야 왕궁에 갈 수 있습니다. 그리고 그 안에는 나무가 없습니다. 왜냐하면 자객들이 나무 위에 숨어 있을 수 있기 때문입니다. 아마 솔로몬의 가마는 삐걱거리는 소리가 없고 부서지지 않고 불을 붙여도 잘 타지 않는 가마였을 것입니다.

3:10, "그 기둥은 은이요 바닥은 금이요 자리는 자색 깔개라 그 안에는 예루살렘 딸들의 사랑이 엮어져 있구나"

그 가마의 기둥은 은이기 때문에 튼튼해서 부서지지 않았습니다. 또 솔로몬의 가마는 바닥이 금이기 때문에 금을 발로 밟고 있는 것입니다. 금을 보기를 돌같이 보라는 말이 생각납니다. 자리는 자색 깔개인데 아주 화려한 색이었습니다. 솔로몬은 지혜도 있었지만 화려한 것을 좋아했던 것 같습니다. 이것은 자신이 있다는 뜻입니다. 우리도 자신이 있으면 얼마든지 좋은 차를 타고 좋은 집에서 살 수 있습니다. 그런데 가장 중요한 것은 깔개 안에는 예루살렘 여자들의 사랑이 엮어져 있다는 것이었습니다. 예루살렘 여자들의 노래는 여론이었습니다. 원수들이 아무리 음모를 꾸미고 모략을 꾸며도 백성들의 마음은 솔로몬 편이었습니다. 백성들의 신뢰를 잃어버리면 모든 정치 생명은 끝난 것입니다.

다윗이 골리앗을 죽이고 돌아왔을 때 이스라엘 여자들은 노래하기를 "사울이 죽인 자는 천천이요 다윗이 죽인 자는 만만" 이라고 했습니다(삼상 18:7). 이것이 바로 이스라엘의 여론이었던 것입니다.

3:11, "시온의 딸들아 나와서 솔로몬 왕을 보라 혼인날 마음이 기쁠 때에 그의 어머니가 씌운 왕관이 그 머리에 있구나"

원래는 다윗이 솔로몬의 머리에 왕관을 씌워주어야 하는데, 다윗의 건강이 좋지 못해서 솔로몬의 어머니가 그의 머리에 왕관을 씌워주었습니다. 어머니는 아들이 왕관을 쓴 모습을 보고 얼마나 가슴이 뿌듯했겠습니까? 원래 밧세바는 다윗 왕과 음행에 빠졌던 죄인이었습니다. 그러나 그의 모든 죄는 다 용서되고 이제는 왕의 어머니가 되어 새 왕의 머리에 왕관을 씌워주는 영광의 자리에 서게 되었습니다.

우리는 예수님이 너무 늦게 오신다고 생각하지 말아야 합니다. 천국은 하루가 천년 같고 천년이 하루 같다고 했기 때문에 세상에는 이천년이 지나도 천국은 이틀밖에 지나지 않았을 것입니다. 예수님은 중요한 일을 다 마치시고 우리에게 오실 것입니다. 모두 빨리 나와서 주님의 영광스런 모습을 볼 수 있기를 바랍니다.

10

다윗의 망대

아 4:1-6

아무리 많은 것을 알고 있고 아무리 성숙한 인격을 가지고 있다고 하더라도 일단 돈이 없어서 가난하면 겉으로 초라하게 보이고 가난한 티가 나게 되어 있습니다. 또 우리나라에서는 아무리 4년제 대학을 나왔다 하더라도 서울에 있는 대학과 지방에 있는 대학은 차별이 있습니다. 또 직장에서 같은 일을 하고 있다 하더라도 그 회사의 정규 직원과 다른 회사에서 파견 나와서 일하는 사람들 사이에는 급여에 차이가 많이 납니다. 또 같은 박사 학위를 가지고 있다 하더라도 대학에 정식으로 채용된 경우와 시간 강사 사이에는 많은 차이가 있습니다. 어떤 분은 고생해서 외국에서 박사학위를 받아왔지만 대학에 채용되지 못하니까 택배 일을 하는 분도 있습니다.

우리는 이와 비슷한 현상을 크리스천의 삶에서도 자주 볼 수 있습니다. 크리스천이 하나님의 연단을 받고 고생할 때는 그 모습이 너무나도 비참하고 옷도 누더기 같은 옷을 입고 있기 때문에 감히 다른 사람 앞에 서지 못하고 당당하게 다른 사람들을 만나지도 못합니다. 고난받는 성도들은 자신의 모습이 너무 초라하기 때문에 다른 사람과 만나는 것을 피하려고 하고 집에 손님이 오면 숨으려고 합니다. 그러나 하나님께서 그 모든 연단을 끝나게 하시고 그를 축복하셨을 때는 하나님의 백성은 당당해지고 멋있어집니다. 그리고 어느 누구 앞에서도 당당하게 이야기할 수 있는 자신감을 가지게 됩니다.

우리는 성경에서 그런 사람들을 수도 없이 찾아볼 수 있습니다. 우선 요셉은 하나님의 연단을 받을 때 그는 노예였고 여자 주인이 성노예로 써먹으려고 했던 보잘것없는 청년이었습니다. 그리고 그는 여주인의 말을 듣지 않는다고 강간 미수범으로 몰려서 오랜 기간 감옥에 갇혀 있었습니다. 이때 요셉은 노예였고 죄수였으며 그가 입은 옷은 그야말로 누더기였습니다. 그러나 하나님의 때가 되었을 때 하나님은 요셉을 애굽의 총리로 높이셨습니다. 바로 왕은 요셉의 목에 금사슬을 걸어주고 왕의 반지를 벗어서 손에 끼워주었습니다. 그리고 요셉을 애굽에서 최고 높은 자로 만들어주었습니다. 요셉의 당당한 이 모습 앞에서 모든 사람이 엎드려 절했고 형들도 요셉인 줄 모르고 땅에 엎드려 절을 했던 것입니다.

다윗이 왕이 되기 전 사울 왕의 시기를 받아서 도망을 다닐 때는 도망자요 거지들의 왕초와 같았고 심지어는 블레셋에 가서 빌붙어 살아야 하는 처지였습니다. 그러나 사울 왕이 길보아 산에서 전사하고 다윗이 이스라엘의 왕이 되었을 때 왕관을 쓰고 다른 모든 나라들을 정복하는 모습은 너무나도 당당했습니다.

에스더는 예루살렘이 망할 때 포로로 붙들려간 자의 딸이요 부모는 다 돌아간 그야말로 고아였습니다. 그는 나이 많은 사촌 오빠 집에서 어렵게 살고 있었습니다. 그런데 갑자기 페르시아의 왕비가 폐위되더니 새 왕비를 뽑는데, 에스더가 덜컥 왕비로 뽑혔습니다. 부모가 다 돌아가시고 사촌 오빠 집에서 얹혀서 살았던 에스더의 모습은 너무나도 보잘것없었지만, 그녀가 갑자기 페르시아의 왕비가 되어서 머리에 면류관을 쓰고 당당하게 왕 앞에 나타났을 때의 그 모습은 말할 수 없이 아름답고 위엄에 찬 모습이었습니다. 더욱이 하만이라는 자가 모든 유대인을 다 죽이려고 음모를 꾸몄을 때 에스더는 왕 앞에 당당히 나아가서 오히려 모든 원수에게 복수했습니다.

솔로몬이 술람미 여인이 사는 동네를 떠나서 예루살렘으로 돌아간 사이에 술람미 여인은 나름대로 많은 고난을 겪었던 것 같습니다. 그러나 술람미 여인은 그 모든 고난을 다 이기고 너무나도 아름답고 성숙한 여인의 모습으로 변해 있었습니다. 솔로몬은 예루살렘에서 왕이 된 후 술람미 여인을 만나러 왔습니다. 이때 술람미 여인은 옛날의 수줍어하고 자신감 없이 숨으려고만 하던 모습은 사라지고 너무나도 당당하고 성숙한 여인의 모습으로 변해 있었습니다.

1. 술람미 여인의 변한 모습

원래 술람미 여인은 거친 오빠들 사이에서 자라는 바람에 자신의 본래 모습을 찾지 못했습니다. 아마도 그녀는 자기가 남자인 줄 알았을 것입니다. 그래서 옷도 아무렇게 입고 머리도 제대로 빗을 줄 몰랐던 것 같습니다. 그 대신에 술람미 여인은 포도원 일을 맡아서 하는 바람에 얼굴은 햇볕에 타서 시커멓게 되었습니다. 아마도 자라면서 아버지나 오빠들로부터 예쁘다는 말을 한 번도 들어본 적이 없었을 것입니다. 그리고 술람미 여인의 아버지나 오빠들은 칭찬에 아주 인색한 사람들이었던 것 같습니다. 술람미 여인은 포도원 농사를 지은 경험도 별로 없는 데다가 솔로몬의 설교를 들으러 쫓아다니는 바람에 여우가 포도원에 들어와서 포도원 농사를 망쳐놓고 말았습니다. 그러니까 술람미 여인은 아버지나 오빠들에게 야단을 맞고 더 자신감을 잃어버리고 말았습니다. 사람은 일을 하다가 실수했다고 해서 자꾸 야단만 맞으면 다음에는 실수하지 않으려고 긴장해서 더 실수를 하게 됩니다. 그러면 또 야단을 맞고 그래서 이런 일이 반복되면 나중에는 정말 무능한 사람이 되어버리고 맙니다.

그러나 이런 멸시와 천대 가운데서 술람미 여인을 붙들어주었던 것은 솔로몬으로부터 들은 하나님의 말씀이었습니다. 하나님은 술람미 여인에게 사랑한다고 말씀하셨습니다. 그리고 하나님께서는 술람미 여인에게 "네 눈이 비둘기같이 아름답다"고 칭찬하셨습니다. 술람미 여인은 하나님의 말씀을 들으면서 자기가 아름답다는 말을 처음 들었습니다. 하나님은 술람미 여인에게는 향내가 난다고 말씀하셨습니다. 또 하나님은 술람미 여인이 사론의 수선화요 골짜기의 백합화라고 말씀하셨습니다. 즉 술람미 여인은 사람들은 아무도 봐주지 않지만 혼자 피어서 향기를 퍼트리는 야생화였습니다. 그렇게 술람미 여인은 하나님의 말씀을 들을 때는 눈물을 흘리면서 은혜 받다가 가족을 만나거나 사람들을 만나면 자신감을 잃어버리고 피하여 숨었습니다.

이것은 우리도 마찬가지입니다. 하나님이 우리를 연단하시느라고 가난하게 하시고 병들게 하시고 직장이 없게 하시면 부끄러워서 사람들을 만나기가 두렵습니다. 그래서 사람들을 거의 만나지 않습니다. 그러나 하나님의 말씀을 들을 때는 내가 이 오페라의 주인공이 되는 것입니다. 나는 주인공이 되어서 〈나비 부인〉도 되었다가 〈토스카나〉가 되기도 했다가 〈레미제라블〉의 주인공이 되기도 했다가 다윗왕이 되기도 하고 엘리야 선지자나 모세가 되기도 하는 것입니다. 그러나 우리는 점점 세상과 멀어지게 됩니다. 왜냐하면 세상은 나의 내면의 변화를 알지 못하기 때문입니다.

어떤 동물원에서 호랑이 어미가 새끼를 낳았는데 젖을 먹이지 않는 바람에 동물원에서는 호랑이 새끼를 어미 개에게 맡겨서 개 젖을 먹고 자라게 했습니다. 그래서 그 호랑이 새끼는 강아지들과 같이 젖을 먹고 같은 우리에서 자랐습니다. 나중에 호랑이는 덩치가 어마어

마하게 커지게 되었는데, 그 큰 덩치에도 불구하고 자기를 강아지로 생각해서 여전히 어미 개에게 와서 재롱을 부리고 개들과 같이 놀았습니다. 심지어는 어떤 염소는 달려와서 뿔로 호랑이 엉덩이를 박기도 했습니다. 그래도 호랑이는 염소를 잡아먹지 않았습니다. 왜냐하면 한 우리에서 다 같이 형제로 자랐기 때문입니다. 지금도 어미 개는 그 호랑이에게 "다른 사나운 짐승들에게 물리지 않도록 조심해라"고 주의를 준다는 것입니다.

우리 모든 성도는 이런 이중적인 모습을 가지고 있습니다. 그러다가 어느 날 갑자기 장미가 활짝 피듯이 피어날 때가 있습니다. 그때가 언제일까요? 하나님께서 우리에게 세상적인 복도 같이 주실 때입니다. 즉 다윗이 왕이 되어 왕관을 썼을 때이고, 요셉이 감옥에서 나와서 총리가 되었을 때이고, 에스더가 왕비가 되어서 왕관을 썼을 때입니다. 그때는 우리가 정말 외모까지 아름다워지고 다른 사람들 앞에서도 당당해집니다. 사실 우리는 당당해지는 것과 교만해지는 것을 잘 구별하지 못할 때가 있습니다. 또 겸손한 것과 비굴한 것을 구별하지 못할 때도 있습니다. 이것은 우리만 그런 것이 아니라 다른 사람들도 우리에 대하여 모를 때가 많습니다. 그래서 자신감이 있으면 교만해졌다고 하고 잘난 체한다고 해서 시기하는 것입니다. 그러나 하나님이 우리를 당당하게 하실 때에는 일부러 자신을 감추고 위축될 필요가 없습니다. 그럴 때는 다른 사람이 뭐라고 하든지 당당해지는 것이 좋습니다.

술람미 여인이 어떻게 당당해지고 자신감을 찾게 되었을까요? 이것은 추측할 수밖에 없는데, 아마도 술람미 여인이 포도원 농사에 성공해서 좋은 포도를 많이 생산하게 된 것 같습니다. 사람은 눈에 보이는 축복이 없으면 그 사람이 복 받은 것을 믿지 않습니다. 술람미 여인은 엄청나게 포도원 농사에 성공해서 가족들의 생활을 다 책임지고, 그 포도원의 포도가 최고 맛있는 포도라는 소문이 나게 되었을 때가 아닌가 생각합니다. 그때 솔로몬이 술람미 여인의 동네에 와서 술람미 여인을 만나자고 하니까 그녀는 더 이상 솔로몬을 부끄러워하거나 피하지 않았습니다. 술람미 여인은 솔로몬 앞에 당당하게 앉아 있는데, 그 모습이 너무나도 성숙하고 자신만만했습니다.

4:1, "내 사랑 너는 어여쁘고도 어여쁘다 너울 속에 있는 네 눈이 비둘기 같고 네 머리털은 길르앗 산 기슭에 누운 염소 떼 같구나"

중동 여자들은 모두 머리에 너울을 쓰고 있기 때문에 머리털이라든지 얼굴을 다 볼 수 없습니다. 그런데 솔로몬의 눈에 가장 명확하게 보이는 것은 술람미 여인의 눈이었습니다. 술람미 여인의 눈은 옛날과 똑같았습니다. 보통 세월이 지나고 나면 눈이 변할 수 있습니다. 즉 눈에 돈독이 올랐다든지 아니면 명품에 미쳤다든지 혹은 분노에 차 있으면 그 눈빛이 변합니다. 그러나 술람미 여인의 눈은 은혜받은 눈이었습니다. 그녀의 눈은 옛날 눈과 똑같이 비둘기 눈이었습니다.

그리고 술람미 여인이 쓰고 있는 너울 사이로 머리털이 보였습니다. 머리털은 옛날보다 훨씬 성숙한 스타일이었습니다. 술람미 여인은 은혜받고 머리를 땋았습니다. 그러나 이제는 머리를 자연스럽게 풀었는데 마치 펌을 한 것 같이 웨이브가 져 있었습니다. 마치 길르앗 산기슭의 풀처럼 부드럽게 흘러내리고, 중간중간에 염소 떼가 누워 있는 것처럼 웨이브가 있는 것입니다. 그때 술람미 여인은 솔로몬을 보고 웃습니다. 그런데 술람미 여인이 웃을 때 보이는 그 이가 하얗고 가지런한 것이 그렇게 아름다울 수 없었습니다. 여성들의 최고의 매력은 웃을 때 가지런한 하얀 이의 모습입니다.

4:2, "네 이는 목욕장에서 나오는 털 깎인 암양 곧 새끼 없는 것은 하나도 없이 각각 쌍태를 낳은 양 같구나"

술람미 여인은 이제 더 이상 솔로몬을 보고도 긴장하거나 겁을 내지 않았습니다. 술람미 여인은 앉아서 조용히 웃는데 이빨이 너무나도 아름다웠습니다. 아마 이때 가장 예쁜 양의 모습은 털을 깎고 목욕장에서 새끼들을 데리고 나오는 암양의 모습이었던 것 같습니다. 어떤 여자분은 가만히 있을 때는 괜찮은데 웃는 바람에 이미지를 망치는 분이 있습니다. 그분은 이가 고르지 않거나 예쁘지 않은 사람입니다. 그런 점에서 일본 여성들은 많이 불리합니다. 일본 여성들 중에는 이가 가지런하지 않은 사람들이 상당히 많습니다. 또 어떤 여성은 가만히 있을 때는 괜찮은데 웃기만 하면 하이에나 소리를 내는 바람에 점수를 다 까먹는 사람도 있습니다.

4:3, "네 입술은 홍색 실 같고 네 입은 어여쁘고 너울 속의 네 뺨은 석류 한 쪽 같구나"

술람미 여인의 입술은 빨갛고 가늘었습니다. 여성의 입술은 얇아야 아름다운지 두꺼워야 아름다운지는 문화나 나라마다 다를 것입니다. 어떤 곳에서는 아주 두꺼워야 미인이라고 하고, 어떤 곳에서는 가늘어야 미인이라고 합니다. 그러나 미인에게 가장 중요한 것은 균형인 것 같습니다. 입이 너무 커도 안 되고, 코가 너무 작아도 안 되고, 얼굴이 너무 커도 미인이 될 수 없습니다. 그런데 술람미 여인의 뺨은 더 이상 검은색이 아니고 석류같이 빨간색이었습니다. 술람미 여인은 정신적으로나 육신적으로 아주 건강했습니다.

2. 술람미 여인의 상반신

술람미 여인은 의자나 양탄자 위에 앉아 있었기 때문에 솔로몬이 볼 수 있는 것은 그녀의 상반신이었습니다. 그런데 술람미 여인은 상반신도 아주 당당하고 자신감이 넘쳤습니다. 놀라운 것은 술람미 여인의 목이었습니다.

4:4, "네 목은 무기를 두려고 건축한 다윗의 망대 곧 방패 천 개, 용사의 모든 방패가 달린 망대 같고"

아마도 술람미 여인의 목은 똑바로 곧고 당당했던 것 같습니다. 옛날에 술람미 여인은 부끄러워하거나 사람들을 피하느라고 고개를 숙이고 다녔습니다. 그리고 사람들 앞에서 당당하지 못했습니다. 그러나 솔로몬이 한참 후에 다시 술람미 여인을 만났을 때 그녀에게는 어느 누구도 두려워하지 않는 당당함이 있었습니다. 솔로몬은 그녀의 목이 다윗의 망대같이 생겼다고 했습니다. 아마도 다윗의 망대는 왕의 무기고였던 것 같습니다. 그리고 그 안에는 모든 장군의 방패가 다 걸려 있었습니다. 천 개의 방패가 달린 망대라고 했습니다. 이것은 어느 누가 공격해 와도 얼마든지 막아낼 수 있는 지혜가 술람미 여인의 목 안에는 있다는 뜻입니다. 다시 말해서 술람미 여인의 목 안에는 하나님의 지혜의 방패가 천 개나 있어서 적이 어떤 말로 공격하든지 얼마든지 여유 있게 대답할 수 있는 무장이 되어 있었습니다. 모든 용사의 방패가 술람미 여인의 목 안에는 다 들어 있다고 했습니다. 사실 요즘같이 사람들의 말이 사납고 공격적일 때 누가 무슨 말을 하더라도 여유 있게 막아낼 수 있는 방패가 목 안에 있으면 얼마나 좋겠습니까?

국회에서 국정조사를 하는 것을 보면 사람을 올무에 빠트리려고 아주 고약하게 질문하는 사람들을 볼 수 있습니다. 그리고 조금이라도 자기 의도대로 안 되면 소리를 지르면서 공격하는 모습도 볼 수 있습니다. 그러나 상대방이 무슨 말을 하더라도 다 막아낼 수 있는 천개의 방패가 있다면 이 사람은 하버드대학의 교수로 보내도 손색이 없을 것입니다.

요즘 우리나라는 소리를 크게 지르는 사람이 이기는 나라입니다. 결국 목청이 큰 사람이 이기고 성질 나쁜 사람이 이기는 나라인 것입니다. 그런 것은 마치 야생에서 사자가 크게 소리 지르면 다른 짐승들이 다 무서워서 숨든지 도망치는 것과 같습니다. 즉 우리는 사람들이 사는 동네에 사는 것이 아니라 야생동물의 세계에 살고 있는 것입니다. 우리에게도 망대 천 개가 필요합니다.

요즘 사람들은 하도 컴퓨터나 스마트 폰을 많이 보니까 목이 거북목이라고 해서 고개가 앞으로 숙여있는 사람들이 많습니다. 거북목이라든지 자라목은 좋은 것이 아닙니다. 이것이 결국 척추를 아프게 하는 원인이 된다고 합니다. 전에 어떤 여고생이 늘 몸을 구부리고 다니기에 제가 고개를 구부리지 말고 누가 귀를 잡아당긴다고 생각하고 몸을 좀 펴 보라고 했더니, 키도 커 보이고 자신감도 있어 보였습니다. 한번은 런던에 가서 그 여학생을 만났는데, 꼭 자기 사는 아파트에 와서 식사하고 가라고 해서 그 집까지 가서 식사하고 온 적이 있습니다. 그 학생은 누군가가 자기에게 그런 관심을 가져주는 것이 좋았던 것 같았습니다.

4:5, "네 두 유방은 백합화 가운데서 꼴을 먹는 쌍태 어린 사슴 같구나"

이 구절 때문에 아가서가 음란하다고 생각하는 사람들이 있습니다. 그러나 이것은 옷 위에 드러난 가슴을 말하는 것입니다. 솔로몬이 보니까 술람미 여인이 너울을 쓰고 옷을 입었지만 가슴은 조금 볼록하게 드러났습니다. 그런데 솔로몬이 보기에 술람미 여인의 가슴은 마치 쌍둥이 새끼 사슴 같다고 했습니다. 새끼 사슴은 아무것도 모르고 천진난만합니다. 이 새끼 사슴 두 마리는 사람을 두려워하지 않습니다. 어떤 때는 사람이 어미인 줄 알고 졸졸 따라오기도 합니다. 새끼 사슴은 아무 의심 없이 꼴을 뜯어 먹고 있었습니다. 중요한 것은 의심을 하지 않는다는 것입니다.

우리가 사람을 의심하지 않고 먼저 믿어준다면 사람을 하나 살리는 것과 같습니다. 누군가가 어떤 사람을 믿어주면 그 사람은 반드시 성공합니다. 새끼 사슴은 사람을 무서워하지 않습니다. 술람미 여인은 아무도 무서워하지 않았고 겁내지 않았습니다. 우리가 이런 사람들을 보면 세상을 더 살고 싶은 용기가 생깁니다. 그러나 모든 것을 부정적으로만 보는 사람들을 보면 세상을 살고 싶은 마음이 다 사라집니다.

3. 석양의 데이트

솔로몬은 술람미 여인에게 저녁이 다 되어 가는데 함께 데이트를 하자고 제안합니다.

4:6, "날이 저물고 그림자가 사라지기 전에 내가 몰약 산과 유향의 작은 산으로 가리라"

여기서 우리는 두 가지를 알 필요가 있습니다. 하나는 팔레스타인은 낮이 너무 무더워서 다니기가 어렵다는 사실입니다. 그래서 걷기에 가장 좋은 시간은 무더위가 한풀 꺾였을 오후 늦은 시간입니다. 그리고 또 하나는 팔레스타인에는 물이 귀해서 아무 데나 풀이나 나무가 자라지 않는다는 사실입니다. 그런데 드물게 샘이 나는 곳이 있습니다. 이런 샘은 땅속에서 솟아나는 것이기 때문에 시원하고 깨끗합니다. 그리고 이런 샘 주위에는 오아시스같이 풀이 자라고 나무도 자랍니다.

그러니까 "몰약 산과 유향의 작은 산"이라고 하는 것은 바로 이런 샘이 있는 동산입니다. 거기에는 풀이 나고 나무도 자라기 때문에 풀 향기도 나고 나무 향기도 납니다. 특히 몰약은 썩지 않게 하는 약제로 쓰입니다. 그리고 유향은 모든 나쁜 냄새를 다 빨아들입니다. 그래서 몰약 산과 유향 산은 아직 사람들에 의해서 더럽혀지지 않은 깨끗하고 순수한 산을 말합니다. 결코 그곳은 쓰레기 산이 아닙니다. 우리나라도 제주도를 비롯한 나무가 울창한 곳에 가보면 나무에 안식년을 적용해서 몇 년간 사람의 출입을 제한하는 곳이 있습니다. 그런 곳에는 사람의 출입을 금지해서 식물이 우거지고 동물들이 자라고 새들이 많이 있습니다.

솔로몬은 왕이니까 사람들이 들어갈 수 없는 곳에 있는 나무들을 구경시켜주겠다고 술람미 여인에게 제안하는 것입니다. 우리가 흔히 볼 수 없는 희귀한 나무를 보고 냄새를 맡으면 기분이 정말 상쾌할 것입니다. 솔로몬과 술람미 여인은 전혀 오염되지 않은 곳에서 하나님의 향내를 맡을 수 있었습니다. 우리도 예배드리면서 오염되지 않은 하나님의 향내를 실컷 맡으시기 바랍니다.

나의 신부 나의 누이

아 4:7-16

옛날에는 신랑 신부가 결혼식을 치러도 신혼여행이라는 것이 없었습니다. 단지 신부나 신부 식구들이 처음 신랑 집을 방문하는 신행 정도가 있었을 뿐입니다. 그때 신랑 측에서는 맛있는 음식을 잔뜩 차려놓고 사돈을 대접합니다. 친정식구들이 다 가고 나면 신부는 한 삼일 정도 색동옷을 입고 일하지 않고 방안에 다소곳이 앉아만 있었습니다. 이것이 시집 식구들이 신부에게 베푸는 특혜였습니다. 그리고 한 삼일 지나면 시어머니가 "아가야, 안 일어나니?"라고 깨우고 난 뒤에는 부엌일부터 시키기 시작합니다.

그런데 신부의 지방이 다르면 시어머니와 대화가 통하지 않을 때가 많습니다. "아가야, 사분 가져오이라"라고 하시는데, 신부는 '사분'이 무엇인지 모릅니다. '사분'은 비누입니다. 그리고 "정지에 가서 냄비 가져오이라"라고 하시는데, '정지'라는 말을 처음 듣습니다. '정지'는 부엌입니다. 신부가 사분은 안 가져오고 엉뚱한 식칼이나 가져오고, 정지가 어딘지 몰라서 정자를 찾는다고 돌아다니면 시어머니의 불호령이 떨어집니다. 또 시어머니가 외출하시면서 텃밭에 풀을

120　죽음보다 강한 사랑

뽑으라고 하셨는데, 신부는 풀과 부추(정구지)를 구별하지 못해서 정구지를 다 뽑아버립니다. 그러면 시어머니는 기가 차는 것입니다.

아주 옛날에는 신부가 신랑 집에 갈 때 가마를 타고 갔지만 신랑 집이 너무 멀면 버스나 택시를 타고 갔습니다. 그런데 제가 아는 한 분은 고물 트럭을 타고 신랑 집에 갔습니다. 그런데 급회전하는 곳이 있어서 트럭이 커브를 도는 바람에 차문이 열려서 신부가 차에서 떨어져 버렸습니다. 신부는 완전히 얼굴을 갈아서 상처투성이가 되어서 신랑 집에 갔다고 합니다.

제가 결혼했을 때는 5.18 광주 민중 항쟁이 일어난 지 얼마 되지 않았을 때였습니다. 우리는 돈이 없으니까 신혼여행을 먼 데는 가지 못하고 경주로 갔습니다. 그런데 전국에 비상계엄이 선포되어서 경주에도 여행객이 거의 없었습니다. 저는 그때 죽으나 사나 군복만 입고 다녔는데, 군인이 어리게 보이는 여자를 데리고 다니니까(제 아내는 지금도 어리게 보이지만) 불륜인가 해서 사람들이 힐끔힐끔 쳐다봤습니다. 그래서 그때 제 아내는 친구가 만들어준 사탕 부케를 절대로 방에 두지 않고 손에 들고 다녔습니다. 즉 '자기는 갓 결혼한 신부' 라는 뜻이었습니다. 그 사탕 부케를 보고서 아주머니들은 "신부인가 베"라고 이야기했습니다. 그때 저는 서울에 다니던 교회에 가서 인사하고 대학 때 절친이 예천에서 공군 중위로 있었는데 그 친구를 만나고 나니까 그 달콤했던 휴가가 끝나버렸습니다. 그래서 신부에게 다음에 내가 잘되면 세계 어느 곳을 가더라도 꼭 데리고 가겠다고 약속했습니다. 그래서 부흥회를 가면 꼭 아내를 데리고 다녔습니다.

그런데 요즘은 신랑 신부가 신혼여행을 외국으로 갈 때가 많습니다. 그래서 이태리도 가고 프랑스나 스위스도 가고, 심지어는 노르웨이까지 가는 신랑신부들도 있습니다. 노르웨이에 가면 피오르드가 만든 엄청난 바위 절벽이 있는데, 신랑 신부들은 거기서 사진을 찍기도 합니다. 또 큰 절벽 사이에 큰 둥근 돌이 끼어 있는데 그 돌 위에 올라가서 사진을 찍기도 하고, 몇 시간을 걸어가면 트롤퉁가(트롤스 텅)라고 해서 '트롤의 혀'라는 바위가 높은 바다 위로 쑥 나와 있는데 새벽에 거기까지 걸어가서 사진을 찍고 오는 신랑 신부들도 있습니다.

아가서 4장은 이전과 분위기가 많이 다릅니다. 여기에는 레바논이라는 지명이 자주 나옵니다. 그리고 헤르몬산 꼭대기도 나오고, 사자굴과 표범 산도 나옵니다. 그리고 솔로몬이 술람미 여인을 "나의 누이, 나의 신부"라고 부릅니다. 여기서 '신부'라는 말이 처음 나옵니다. 그렇다면 솔로몬은 이번에 술람미 여인의 집에 와서 술람미 여인과 결혼한 것을 알 수 있습니다. 그리고 이 두 사람은 레바논을 거쳐서 헤르몬산까지 갔는데 이것을 신혼여행이라고 말하는 사람도 있습니다. 그러나 그 옛날에 신혼여행이라는 것이 있었을 것 같지 않습니다. 그렇다면 무엇 때문에 솔로몬과 술람미 여인은 레바논에 갔을까 하는 의문이 생깁니다.

1. 나의 누이, 나의 신부

솔로몬은 술람미 여인에 대하여 아무 흠이 없는 여자라고 말하고 있습니다.

4:7, "나의 사랑 너는 어여쁘고 아무 흠이 없구나"

바로 이것이 솔로몬이 술람미 여인을 사랑한 이유였습니다. "나의 사랑"이라고 하는 것은 지금까지 솔로몬이 술람미 여인을 부른 칭호였습니다. 이 칭호는 이제부터 "나의 누이, 나의 신부"로 바뀌게 됩니다.

술람미 여인은 아름다웠을 뿐 아니라 흠이 없었습니다. 그런데 이 세상에 흠이 없는 사람이 어디 있습니까? 아가서 앞부분에 보면 술람미 여인은 얼굴도 검고 상당한 열등감이나 허물도 있었던 것 같은데, 어떻게 아름답고 흠이 없는 여성이 될 수 있었을까요? 그것은 하나님의 말씀을 들으면서 은혜받는 순간 우리의 옛사람은 죽어버리고 새사람으로 태어나기 때문입니다. 그래서 우리의 허물 많고 부끄러웠던 옛 사람은 더 이상 이 세상에 존재하지 않습니다.

이차대전이 끝난 후 유대인 수용소에서 못된 짓을 했던 독일인들은 아르헨티나나 칠레 같은 데까지 도망가서 얼굴을 성형 수술하고 완전히 다른 사람처럼 꾸미고 살았습니다. 그러나 유대인들은 그런 사람들을 끝까지 찾아가 잡아와서 처형을 시키든지 종신형을 살게 했습니다. 사람들이 한번 저지른 죄는 절대로 지워지지 않습니다. 그러나 오직 예수 그리스도의 보혈과 하나님의 말씀은 우리의 과거를 깨끗이 지울 수 있습니다.

부정한 일을 하는 사람들은 돈 세탁을 합니다. 어떤 사람은 돈을 세탁한다고 하니까 돈을 세탁기에 넣어서 돌리는 것을 말하는 줄 아는데, 돈 세탁은 부정한 돈을 깨끗한 돈인 것처럼 바꾸는 것입니다. 그런데 사람의 과거를 어떻게 세탁할 수 있겠습니까? 사람을 세탁기에 넣어서 돌리면 깨끗한 사람이 되어서 나올까요? 그렇게 하면 아마 죽어서 나오든지 정신 이상이 되어서 나올 것입니다. 그런데 교회에 나와서 하나님의 말씀을 듣고 성령의 감동이 임하면 완전히 세탁되어서 깨끗하고 흠이 없고 아름다운 사람으로 태어나게 됩니다.

여기서 드디어 솔로몬은 술람미 여인을 "나의 신부"라고 부르고 있습니다. 그런데 솔로몬은 술람미 여인을 "나의 신부"라고만 부를 뿐 아니라 "나의 누이"라고 부르고 있습니다.

4:8-9, "내 신부야 너는 레바논에서부터 나와 함께 하고 레바논에서부터 나와 함께 가자 아마나와 스닐과 헤르몬 꼭대기에서 사자 굴과 표범

산에서 내려오너라 내 누이, 내 신부야 네가 내 마음을 빼앗았구나 네 눈으로 한 번 보는 것과 네 목의 구슬 한 꿰미로 내 마음을 빼앗았구나"

　왜 나의 신부는 나의 누이가 될까요? 신부는 꿔다놓은 보릿자루같이 밥이나 하고 빨래나 하고 아이만 키우는 사람이 아닙니다. 아내는 남편의 상담자가 되어주고 위기가 찾아올 때는 막아주기도 하고 같이 깊은 이야기를 나누기도 하는 친구이며 누나가 될 때도 있습니다. 옛날에는 남동생이 어릴 때 누나가 엄마 대신 업고 달래주기도 하고 밥도 먹여주기도 하고 아프면 간호도 해주었습니다. 누군가 동네 나쁜 아이가 동생을 때리면 누나가 달려가서 그 아이를 밀어버리든지 꼬집든지 해서 동생을 구해줍니다. 이와 마찬가지로 크리스천 아내는 단순한 여자가 아닙니다. 나를 사랑해 주기도 하고, 침체되면 격려해 주기도 하고, 어려움이 오면 보호해 주기도 합니다. 아내는 남편이 두려워할 때 용기를 주기도 하고, 중요한 결정을 하지 못하고 있을 때 조언해 주기도 합니다. 그래서 신앙이 좋은 아내는 남편에게 백만대군과 같습니다. 백만대군을 가진 군인이 무엇을 두려워하겠습니까?
　솔로몬은 술람미 여인에게 "내 누이, 내 신부야 네가 내 마음을 빼앗았구나"라고 말합니다. 하나님은 처음 여자를 만드실 때 남자의 갈비뼈로 만드셨는데, 그 자리는 바로 심장이 있는 곳입니다. 그래서 여인은 남자의 심장입니다. 솔로몬은 술람미 여인을 보고 심장을 뺏겨버렸습니다. 그때부터 솔로몬은 술람미 여인을 떠날 수 없었습니다. 그녀가 한번 쳐다보기만 해도 기분이 좋고 목에 단 구슬꿰미만 보아도 행복했습니다. 남편은 무뚝뚝해서 아내를 사랑하지 않는 것 같지만 자기 아내가 한번 웃어주기만 해도 너무나도 행복해합니다. 그러나 아내의 가장 아름다운 모습은 하나님의 말씀을 정신없이 들을 때와 기도하면서 눈물을 흘릴 때입니다.

2. 솔로몬의 숙제

솔로몬은 술람미 여인과 함께 자기 나라도 아닌 레바논 땅으로 갔습니다. 그리고 거기서 직선으로 오른쪽으로 가서 헤르몬산까지 갔습니다. 도대체 솔로몬이 술람미 여인과 레바논까지 간 이유가 무엇입니까? 사람들은 아마도 솔로몬이 술람미 여인과 부부가 된 후에 신혼여행을 가지 않았겠는가 생각할 것입니다. 그런데 솔로몬이 술람미 여인과 신혼여행을 간 곳이 하필이면 레바논이었을까요? 사실 술람미 여인은 솔로몬의 첫 결혼 상대가 아니었습니다. 솔로몬의 첫 결혼 상대는 정략적인 결혼이었는데 애굽의 공주 바로의 딸이었습니다. 바로의 딸은 하나님도 모르고 하나님의 율법에도 관심이 없고 오직 화장품이나 보석 같은 데만 관심이 있으니까 솔로몬은 엄청 답답했던 것 같습니다. 그런데 솔로몬은 생각지도 않게 거의 귀양을 오다시피 엔게디 골짜기로 도피해 왔는데 거기서 너무 하나님의 말씀에 갈급해 하는 술람미 여인을 만났던 것입니다.

그러면 왜 솔로몬은 술람미 여인과 레바논을 찾아갔겠습니까? 그것은 바로 솔로몬이 숙제를 하나 가지고 있었기 때문입니다. 그것은 바로 하나님의 성전을 건축하려는 것이었습니다. 아버지 다윗은 죽기 전에 어린 솔로몬에게 성전을 지으라고 유언했습니다. 그러면 솔로몬은 언제 성전을 짓는 것이 좋을까요? 어떤 사람은 어려운 문제일수록 뒤로 미루어서 늙어서 하려고 하는 사람도 있고, 좀 더 힘을 길러서 전성기때 하려고 하는 사람도 있을 것입니다. 그러나 솔로몬은 아직 힘도 없지만 가장 먼저 성전 짓는 일부터 하려고 했던 것입니다. 이것이 지혜로운 자가 하는 행동입니다. 아마 술람미 여인은 이 생각에 적극적으로 찬성했던 것 같습니다.

그런데 이스라엘에는 성전을 지을 수 있는 좋은 목재나 돌이 없었습니다. 옛날에 우리나라에서는 궁궐이나 대문을 지으려고 할 때 경기도나 강원도에 있는 금강송을 베어 와서 기둥으로 썼습니다. 그러나 이스라엘에는 그런 좋은 나무들이 없었고 좋은 돌도 없었습니다. 이런 재료들은 바로 레바논에 있었습니다. 그래서 솔로몬은 술람미 여인과 함께 레바논 왕에게 정식으로 요청하기 전에 왕의 신분을 감추고 미리 레바논의 나무가 좋은지 돌이 좋은지 답사를 갔던 것입니다. 레바논에는 좋은 백향목이 있었고, 잣나무도 있었으며, 대리석도 많이 있었습니다.

솔로몬이 레바논에 가보니까 정말 좋은 나무들이 많았습니다. 그러나 술람미 여인은 더 적극적이었습니다. 그래서 더 좋은 나무가 있다고 하면 내륙지방에 있는 아마나라는 곳에도 가고 스닐에도 갔다고 했는데, 거기는 헤르몬산의 일부였던 것 같습니다. 그리고 얼마나 술람미 여인이 하나님에 대하여 열정이 뜨거웠는지 사자 굴이 있고 표범도 사는 헤르몬산 꼭대기까지 올라가서 나무를 보고 돌을 살펴보았던 것입니다. 헤르몬산은 해발 3천 미터 가까운데 일 년 내내 눈이 얼어있는 아주 높은 곳입니다. 아프리카로 치면 킬리만자로 같은 곳입니다. 그런데 헤르몬산의 눈이 녹아서 물이 땅속에 들어갔다가 산 밑에서 샘이 되어서 용솟음칩니다. 그리고는 이 물이 요단강으로 내려가서 갈릴리 호수에 모이는 것입니다.

솔로몬에게 바로의 딸이나 다른 여자들은 그냥 여자에 불과했습니다. 그러나 술람미 여인은 하나님에 대한 열정이 어느 누구보다 뜨거웠습니다. 그래서 솔로몬은 술람미 여인에게 위험하니까 헬몬산 꼭대기에서 내려오라고 소리쳤지만 술람미 여인은 하나님이라고 하면 사자나 표범도 무섭지 않았습니다. 그래서 솔로몬은 술람미 여인에게서 하나님에 대한 뜨거운 사랑의 향기를 맡을 수 있었습니다.

4:10-11, "내 누이, 내 신부야 네 사랑이 어찌 그리 아름다운지 네 사랑은 포도주보다 진하고 네 기름의 향기는 각양 향품보다 향기롭구나 내

신부야 네 입술에서는 꿀 방울이 떨어지고 네 혀 밑에는 꿀과 젖이 있
고 네 의복의 향기는 레바논의 향기 같구나"

숳람미 여인은 다른 아름다운 여인들이 가지지 못한 향기와 맛을
가지고 있었습니다. 그것은 바로 하나님을 사랑하는 열정의 향기였습
니다. 그 하나님에 대한 사랑이 얼마나 진한지 포도주보다 진하다고
했습니다. 그것은 그냥 밍밍한 물맛이나 더운 날 김이 다 빠진 콜라
맛이 아니었습니다. 숳람미 여인이 가진 맛은 짜릿하고 감미로운 맛
이었습니다. 숳람미 여인이 풍기는 향기는 이 세상의 향이 아니었습
니다. 즉 하나님을 목숨 다하여 사랑하는 자만이 가진 향기였습니다.
저는 우리 교회 여성들에게서 나는 냄새를 맡습니다. 그런데 그 냄새
는 이 세상의 냄새가 아닐 때가 많습니다. 커피 냄새도 아니고 고등어
비린내도 아니고 하수구 냄새도 아닌 하나님의 냄새인 것입니다.

"네 입술에서는 꿀 방울이 떨어진다"고 했습니다. 숳람미 여인에
게는 하나님의 말씀을 아주 재미있게 하는 재주가 있었던 것 같습니
다. 교회 아이들은 전도사님의 설교가 너무 재미있다고 말합니다. 또
"네 혀 밑에는 꿀과 젖이 있다"고 했는데, 이것은 바로 축복의 말씀입
니다. 그녀가 입은 옷에서는 레바논의 향기가 난다고 했습니다. 이것
은 앞으로 지어질 성전의 향기인 것입니다. 크리스천은 어디에 있든
지 표시가 납니다. 왜냐하면 그 몸이나 옷에서 하나님의 향기가 나기
때문입니다.

3. 감추인 보배

그 당시 술람미 여인의 나이가 몇 살이나 되었는지 모르지만, 아마도 어느 정도 나이가 든 여자였던 것 같습니다. 그런데 그때까지 결혼하지 않고 남아 있다는 것은 너무나도 신기한 일이었습니다. 그 이유는 사람들이 이 여인의 가치를 알아보지 못했기 때문입니다. 이 여인은 마치 '비밀의 화원'과도 같았습니다. 비밀의 화원은 겉에서 보기에는 그냥 가시울타리로 되어 있고 녹슨 문으로 잠겨 있으므로 아무 것도 아닌 것 같습니다. 그러나 그 안에 한번 들어가 보면 전 세계에 없는 희귀한 꽃이나 식물들이 가득 있는 것입니다.

4:12, "내 누이, 내 신부는 잠근 동산이요 덮은 우물이요 봉한 샘이로구나"

여기 "잠근 동산"은 아무나 들어와서 꽃을 꺾지 못하도록 울타리를 치고 자물쇠로 잠근 정원을 말하는 것입니다. 저는 외국에 가면 다른 곳에 가는 것보다 '보타닉 가든'(식물원)에 가는 것을 좋아합니다. 보타닉 가든은 밖에서 보면 아무 것도 보이지 않습니다. 그러나 안에 들어가 보면 장미정원도 있습니다. 장미도 종류가 굉장히 많은데, 빨간 장미, 노란 장미, 흑장미 등등 있습니다. 튤립 정원도 있습니다. 튤립도 정말 종류가 많습니다. 튤립은 온갖 색깔이 다 있습니다. 노란 튤립, 빨간 튤립, 선이 그어져 있거나 점이 있는 튤립 등등, 무한정의 종류가 있습니다. 어떤 곳에 가면 오키드 가든이 있는데, 서양란이죠. 수백 가지 종류의 오키드가 화분에 담겨 있습니다. 가을에 국화 전시회 할 때도 보면 너무나도 많은 종류의 국화들이 전시되어 있는 광경을 볼 수 있습니다. 제 딸이 사는 곳 가까이에 '헌팅던 라이브러리'라는 곳이 있습니다. 그 도서관은 오래된 책뿐이어서 별로 볼 것이 없는

데, 정원에는 나라별로 꽃들이 심겨 있어서 볼거리가 무척 많습니다. 이것이 바로 비밀의 화원인 것입니다.

또 "덮은 우물"이라고 했습니다. 너무나도 시원하고 깨끗한 우물로 먼지가 들어가지 않도록 덮어놓은 우물입니다. 그 가치는 말로 표현할 수 없습니다. 그리고 "봉한 샘"이라고 했습니다. 샘물이 솟구쳐 오르는데 아무나 와서 더럽히지 못하도록 돌로 위에 쌓아서 감추어두었습니다. 이것은 자기만 아는 샘물입니다.

4:13-14, "네게서 나는 것은 석류나무와 각종 아름다운 과수와 고벨화와 나도풀과 나도와 번홍화와 창포와 계수와 각종 유향목과 몰약과 침향과 모든 귀한 향품이요"

교회에는 세상이 모르는 비밀 화원이 있습니다. 겉으로 보기에 교회는 평범한 사람들의 모임입니다. 그러나 그 안에는 어린이들 모임도 있고 청년들 수련회도 있습니다. 부흥회도 있고, 철야기도회도 있습니다. 솔로몬이 비밀의 화원에 들어가 보니까 "석류나무, 고벨화, 나도풀, 나도, 번홍화, 창포, 계수, 각종 유향목, 몰약, 침향, 모든 귀한 향품"이 있었습니다.

석류는 겉으로는 푸른 열매이지만 속을 까면 빨간 보석들이 박혀 있습니다. 고벨화는 노란색인데 여리고와 엔게디에서만 피는 꽃입니다. 나도는 아주 비싼 향 재료입니다. 창포는 우리나라 여자들이 머리를 감는 풀 종류입니다. 창포로 머리를 감으면 윤기가 나고 향기가 납니다. 침향은 요즘 건강식품으로 인기가 있는데 물에 가라앉는 나무입니다. 요즘 침향은 혈액 순환에 좋다고 해서 많이 팔리고 있습니다.

술람미 여인은 생명의 근원이었습니다.

4:15, "너는 동산의 샘이요 생수의 우물이요 레바논에서부터 흐르는 시내로구나"

샘이 없으면 동산은 말라 죽습니다. 생수의 우물이 없으면 야생동물들은 목말라 죽습니다. 물론 레바논에서 여기까지 시냇물이 흐르는 것은 아니지만 레바논의 시냇물과 맛이 똑같은 맛이었습니다.

이제 솔로몬이 해야 할 일이 무엇입니까? 그가 꽃들이나 시냇물을 옮길 수는 없었습니다. 그 대신에 향기를 날리면 사람들이 냄새를 맡고 달려올 것입니다. 도대체 무슨 꽃냄새가 이렇게 좋은가 하면서 몰려올 것입니다.

4:16, "북풍아 일어나라 남풍아 오라 나의 동산에 불어서 향기를 날리라 나의 사랑하는 자가 그 동산에 들어가서 그 아름다운 열매 먹기를 원하노라"

북풍이 불고 남풍이 불면 꽃향기가 가시울타리를 넘어서 온 동네까지 퍼지게 될 것입니다. 마찬가지로 교회는 향기를 날려야 합니다. 인간적인 냄새를 풍기면 사람들이 인상을 쓸 것입니다. 대학교에 라일락꽃이 활짝 피어있으면 그 짙은 향기가 온 동네에 퍼질 것입니다. 성령의 바람이 불면 향기가 멀리멀리 퍼지게 됩니다. 아름다운 소문이 멀리멀리 퍼지게 됩니다. 그리고 술람미 여인은 벌써 열매를 먹습니다. 하나님의 나라는 얼마나 빨리 열매가 맺히는지 모릅니다. 꽃이 피었는데 바로 열매가 맺히는 것입니다. 하나님을 사랑하시는 뜨거운 향기가 온 세상에 퍼지게 되기를 바랍니다.

12
문을 열어다오
아 5:1-8

우리 중에는 자기 집 아파트의 문이 잠겨서 들어가지 못하고 밖에서 한참 동안 기다렸던 경험이 다 있을 것입니다. 어떤 분은 집 열쇠를 전자열쇠로 바꾸었는데, 번호가 생각나지 않아서 이것저것을 눌리니까 문이 아예 잠겨서 열리지 않게 되었습니다. 그래서 관리실에서 사람을 불렀는데, 그것도 안 되니까 열쇠업자를 불러서 겨우 들어갔다고 합니다. 요즘 열쇠는 머리가 좋아서 틀린 번호를 세 번 누르면 "아, 이 사람 도둑이구나"라고 해서 10분이나 20분간 작동이 안 되는 열쇠들이 많습니다. 이것이 바로 인공지능입니다.

어떤 분은 중학생 아이들만 집에 두고 교회에 가서 저녁 예배를 드리고 오셨습니다. 그동안 아이들은 열심히 놀다가 텔레비전을 보던 중 깊이 잠들어버렸습니다. 부모는 교회에서 돌아와서 밖에서 아무리 초인종을 눌러도 아이들은 잠을 깨지 않았습니다. 그래서 아이들의 스마트 폰으로 전화해도 받지 않았습니다. 이 부모는 어쩔 수 없어서 옆집 초인종을 눌러서 사정 이야기를 하고 베란다로 나가서 목숨을 걸고 자기 집 베란다로 겨우 넘어 들어가서 문을 열 수 있었습니다. 그제야 아이들은 부스스 일어나면서 무슨 일이 있었나 어리둥절했습니다. 부모는 예배에서 실컷 은혜를 받고 왔는데 아이들이 자느라고 문을 열어주지 않아서 화가 머리 꼭대기까지 나 있었습니다. 아이들은 아버지에게 얻어터졌겠습니까? 아니면 주님의 은혜로 용서를 받았겠습니까? 얻어터졌다고 합니다. 문이 잠겼을 때는 아무리 은혜를 받아도 소용없는 것 같습니다.

"문을 열어다오"라는 말은 예수님께서도 하신 말씀입니다. 요한계시록 3장에 보면 라오디게아 교회가 나옵니다. 그 교회는 예수님을 문밖에 세워놓고 문을 잠그고 자기들끼리 논다고 신바람이 나 있었습니다. 그러나 그동안 예수님은 문을 계속 두드리면서 "문을 열어 달라"고 했습니다. 그리고 예수님은 "누구든지 내 음성을 듣고 문을 열면 내가 그에게로 들어가 그와 더불어 먹고 그는 나와 더불어 먹으리라"(계 3:20)고 말씀하셨습니다. 예수님은 먹을 것을 잔뜩 가지고 오셨는데, 라오디게아 교인들은 세상 재미에 빠져서 천국 음식도 먹지 않고 논다고 정신이 없었던 것입니다. 우리는 예수님이 가지고 오신 그 음식을 먹어야 화가 나지 않고 기쁨으로 살아갈 수 있습니다.

교인 중에는 자주 화를 내는 분들이 있습니다. 이분들이 화를 자주 내는 이유는 영적으로 침체되었기 때문입니다. 그리고 영적으로 침체되는 이유는 천국의 잔치 음식을 먹지 못했기 때문입니다. 즉 제대로 된 하나님의 말씀을 먹지 못하면 화가 나게 되는 것입니다. 교인들이 굶는 이유는 목회자가 너무 영양가 없는 음식을 주어서 그런 경우도 있고, 본인이 병이 나서 음식을 먹지 못하는 경우도 있고, 불량식품만 먹어서 그렇게 되는 경우도 있습니다. 그런데 아이나 어른이나 이상하게 영양가 있는 식사보다는 불량식품을 좋아합니다. 배가 고프면 화가 나듯이 영적으로도 스테이크 같은 고기를 먹지 못하면 화가 납니다. 목회자가 영양가가 높은 식사를 늘 차려주는데 본인이 길에서 불량식품을 먹고 화를 내면 이것은 목회자의 책임이 아닙니다. 그러나 목회자가 음식 만들기 귀찮으니까 불량식품 같은 것만 교인들에게 주면 목회자의 잘못이 큽니다. 그래서 화가 난다고 아무에게나 화를 내면 안 됩니다.

1. 신앙의 침체

요즘 목회자들이 모이기만 하면 이제는 한국 교회가 부흥되지 않는다고 낙망합니다. 어떤 목회자는 교회에 청년이 없다고, 주일학교에 아이들이 없다고 안타까워하기도 합니다. 어떤 분은 코로나 이후로 교회가 만 개나 없어졌다고 탄식하기도 합니다. 그리고 세상 언론에서는 목회자들의 윤리의식이 추락했다고 비난하기도 하고, 교회 다니는 사람과 다니지 않는 사람이 아무 차이가 없다고 주장하기도 합니다. 이제는 예수 믿는 사람 중에 우울증 환자가 믿지 않는 사람들보다 더 많기도 하고 자살하는 사람들도 많이 생기고 있습니다. 아마 이 모든 말은 사실일 것입니다. 한때는 한국 교회는 그야말로 천국 잔치였고 부흥의 잔치였습니다. 그러나 이제 목회자나 교인들은 자신들이 가지고 있는 교리나 말씀에 만족하고는 새로운 말씀을 찾아 들어가지 않은 결과 우리나라 교회의 부흥은 서서히 꺼져가고 있고 교인들에게는 침체가 퍼져가고 있습니다.

솔로몬은 술람미 여인이야말로 지금까지 감추어진 보물이라는 것을 알았습니다. "내 누이, 내 신부는 잠근 동산이요 덮은 우물이요 봉한 샘"이었습니다"(4:12). 그리고 이 동산 안에는 모든 좋은 향수나 향유나 귀한 꽃들이 다 있고 아름답고 맛있는 열매도 잔뜩 있었습니다.

그래서 솔로몬의 친구나 술람미 여인의 친구들이 이 비밀의 동산에 모두 초청이 되어서 몇 날 며칠을 맛있는 과일이나 꿀이나 우유를 마시면서 행복한 시간을 보내었습니다.

> 5:1, "내 누이, 내 신부야 내가 내 동산에 들어와서 나의 몰약과 향 재
> 료를 거두고 나의 꿀송이와 꿀을 먹고 내 포도주와 내 우유를 마셨으니
> 나의 친구들아 먹으라 나의 사랑하는 사람들아 많이 마시라"

술람미 여인과 솔로몬의 비밀의 화원은 그야말로 천국 잔치가 열
리는 미니 천국이었습니다. 그런데 이 잔치에 초대받아 온 술람미 여
인과 솔로몬의 친구들은 중요한 사실을 알지 못했습니다. 하나는 이
잔치가 정말 재미있고 귀한 잔치인 것은 틀림없지만, 중요한 것은 음
식을 계속 새로 만들면서 잔치해야 한다는 사실입니다. 그렇게 하지
않고 있는 음식만 다 먹어버리면 나중에는 설거짓거리만 쌓이고 쓰
레기만 쌓이고 더 이상 먹을 것이 없게 됩니다. 그래서 하나님의 종
들은 잔치에 신경을 쓰지 말고 하나님의 말씀을 파고 또 파고 들어가
서 새로운 말씀을 자꾸 길어내야 교인들이 지속적으로 성장할 수 있
습니다.

예를 들어서 요즘은 많은 이들이 슈퍼카를 아주 좋아하는 것 같습
니다. 그러나 아무리 차가 좋다 하더라도 기름이 떨어지면 더 이상 달
릴 수 없습니다. 그래서 멋진 차가 달릴 수 있으려면 기름을 채워넣어
야 합니다. 이와 마찬가지로 교회에서 천국 잔치가 계속되려면 목회
자가 항상 새로운 말씀을 퍼 올려서 교인에게 공급해야만 합니다. 그
러나 새로운 하나님의 말씀을 듣지 못하면 교인들은 영적인 침체에
빠지게 됩니다. 그래서 우울증 증세가 나타나기도 하고 자주 화를 내
기도 하고 모든 일에 의욕을 잃어버리기도 합니다.

솔로몬은 왕이었기 때문에 처음에 잔치에 참여하고는 그 화원을
떠났던 것 같습니다. 그리고 시간이 많이 흘렀습니다. 술람미 여인
도 처음에는 이 비밀의 화원에서 맛있는 과일도 먹고 생명수도 마시

고 사람들과 사귀면서 행복하게 지냈습니다. 그러나 술람미 여인에게 더 중요했던 것은 솔로몬이 가져다주는 생명의 말씀이었습니다. 술람미 여인의 친구나 솔로몬의 친구들은 하나님의 말씀을 잘 몰랐습니다. 그래서 그들은 거기 있던 과일이나 음료수를 마시면서 잔치하고는 더 이상 새로운 과일이나 음료를 만들 수 없었습니다. 시간이 많이 흐르면서 어느덧 술람미 여인은 솔로몬이 전해주는 설교를 듣지 못하게 됐습니다. 그리고 술람미 여인에게는 무서운 침체가 오게 되었습니다. 이 영적 침체가 술람미 여인에게 가장 고통스러운 병의 원인이었습니다. 그것은 바로 불면증이었습니다.

5:2상, "내가 잘지라도 마음은 깨었는데"

사람이 불면증에 걸리면 아무리 누워있어도 머리는 흐리지만 정신은 말똥말똥한 경우가 있는가 하면, 본문의 술람미 여인처럼 자는 것도 아니고 안 자는 것도 아니면서 하루 종일 누워있을 때가 있습니다. 그런데 이것이 하루로 그치면 살 만하지만, 3일 혹은 일주일 이상 계속되면 거의 미칠 지경이 됩니다. 그런데 여인 중에 갱년기가 되면 이런 불면증이 종종 생기게 됩니다.

이뿐이 아닙니다. 아무리 신앙이 좋고 교회에 빠지지 않는다고 하더라도 우울증에 걸리는 분들이 많이 있습니다. 그리고 어떤 때는 공황장애가 와서 숨도 잘 쉬지 못하게 될 때도 있습니다. 요즘 신앙이 좋은 중년 여성에게 찾아오는 병이 바로 이 우울증입니다. 우울증은 옛날에는 말씀을 듣지 못해서 생겼는데 이제는 말씀을 들어도 오는 것입니다. 그 이유는 이 세상에 마귀가 그야말로 꽉 차서 우리를 잡아먹으려고 하기 때문입니다.

거기에다가 청년들에게는 무기력증이 확산되고 있습니다. 그래서 취직하지 않고 결혼하지 않고 연애도 하지 않는 경향이 퍼지고 있는 것입니다. 교회는 이 문제를 풀어야 합니다. 왜 잠을 자는데 푹 자지 못하고 정신은 깨어있는지, 왜 청년들이 무기력증에 빠져 있는지. 이 것은 약으로도 안 되고 쉰다고 해서 되는 것도 아니고 아주 강한 하나 님 말씀의 폭탄이 필요한 것입니다.

술람미 여인은 잠결에 솔로몬이 자기를 부르는 소리를 들은 것 같 았습니다.

5:2하, "나의 사랑하는 자의 소리가 들리는구나 문을 두드려 이르기를 나의 누이, 나의 사랑, 나의 비둘기, 나의 완전한 자야 문을 열어 다오 내 머리에는 이슬이, 내 머리털에는 밤이슬이 가득하였다 하는구나"

술람미 여인은 지금 비몽사몽간에 해롱거리고 있어서 자기가 깨 어있는지 자고 있는지 알지 못했습니다. 그래서 솔로몬이 자기를 부 르는 소리를 들은 것 같은데 이것이 꿈에서 들은 것인지 아니면 솔로 몬이 실제로 와서 문을 두드리면서 자기를 불렀는지 잘 알 수 없었던 것입니다.

솔로몬이 진짜 술람미 여인을 찾아온 것일까요? 아니면 솔로몬이 찾아온 꿈을 꾼 것일까요? 솔로몬은 하나님의 말씀을 가지고 진짜 술 람미 여인을 찾아왔습니다. 솔로몬은 친구들을 찾아다녔던 것 같습니 다. 물론 이 친구들은 교인들을 말합니다. 그러나 그들은 모두 다 자 기 집에 돌아가 버리고 남아 있는 사람이 아무도 없었습니다. 한때 그 렇게 뜨거운 신앙을 가졌던 친구들이 모두 마음 문을 꽁꽁 닫아걸고 는 아무도 나오지 않았습니다. 그래서 솔로몬은 머리에 이슬만 뒤집 어쓰고 돌아다녔습니다.

솔로몬은 드디어 술람미 여인을 찾아와서 문을 열어달라고 두들 겼지만 술람미 여인도 회의에 빠져 있었습니다. '정말 솔로몬이 전하 는 하나님의 말씀이 전부일까 아니면 이 세상의 성공이 더 나은 것일까?' 그래서 술람미 여인은 솔로몬이 온 것 같은데도 문을 열어주지 않았습니다. 옛날 같으면 술람미 여인은 솔로몬의 발걸음 소리만 듣고도 발딱 일어나서 문을 열고 솔로몬을 맞이했을 것입니다. 그러나 이제는 솔로몬의 설교를 듣는 것도 귀찮아졌습니다.

2. 예민한 하나님의 말씀

솔로몬은 간절하게 영적으로 잠이 든 술람미 여인을 깨우려고 했습니다. 솔로몬은 술람미 여인의 집 문을 두들기면서 "나의 누이, 나의 사랑, 나의 비둘기, 나의 완전한 자야"라고 불렀습니다. 이것이 바로 술람미 여인이 되찾았던 자아상이었습니다. 술람미 여인은 누나같이 성숙한 여인이었습니다. 그는 모든 사람의 사랑의 대상이었습니다. 그는 비둘기같이 순결했습니다. 술람미 여인에게는 성격적인 흠이나 결점이 없었습니다. 술람미 여인은 하나님의 은혜로 전혀 결점이 없는 완전한 사람이 되었습니다. 그러나 술람미 여인은 솔로몬의 소리를 듣고서도 문을 열어주지 않았습니다. 그 이유는 "나는 그렇지 못하다"는 것 때문이었습니다. 술람미 여인은 다시 자아상을 잃어버리고 있었습니다. 그는 옛날 자신의 모습을 생각하고 있었던 것입니다.

5:3-4, "내가 옷을 벗었으니 어찌 다시 입겠으며 내가 발을 씻었으니 어찌 다시 더럽히랴마는 내 사랑하는 자가 문틈으로 손을 들이밀매 내 마음이 움직여서"

그래서 술람미 여인은 지금 자기가 잠옷 바람으로 자고 있는데 어떻게 일어나서 문을 열어 솔로몬을 만나겠으며, 지금 발을 씻고 침대에 누웠는데 어떻게 다시 발을 더럽히겠느냐고 말했습니다. 물론 술람미 여인이 잠옷 바람인 것은 사실일 것입니다. 그러나 어느새 술람미 여인은 화장하지 않고는 다른 사람을 만나기 싫어졌습니다. 심지어는 솔로몬까지도 만나고 싶지 않았습니다. 이스라엘 방바닥은 흙으로 되어 있으므로 침대에서 내려오면 다시 발이 더러워질 것입니다. 그러나 그것은 모두 말도 되지 않는 핑계에 불과했습니다. 술람미 여인은 긴 시간이 지나면서 이상하게 불면증과 우울증이 와서 다른 사람을 만나는 것이 싫어졌습니다. 신앙이 아무리 좋은 목사나 교인이라 하더라도 우울증이 오면 사람을 만나지 않으려고 합니다. 그리고 아무리 친했던 사람이라도 식사를 같이하려고 하지 않습니다. 그때 가까웠던 사람들은 이유를 잘 모르지만, 실망하고 돌아가게 됩니다.

그러나 술람미 여인은 귀신같은 모습으로 일어나서 문을 열었습니다. 그러나 문밖에는 이미 솔로몬이 가고 없었습니다. 아마 처음에는 솔로몬이 술람미 여인을 만져보려고 문틈으로 손을 넣어서 옷깃이라도 만지려고 한 것 같습니다. 그때 술람미 여인은 정신이 번쩍 들면서 이것은 꿈이 아니구나 생각하고 벌떡 일어나서 문을 열었지만, 솔로몬은 거기에 없었습니다. 그런데 술람미 여인은 솔로몬이 온 증거를 보게 되었습니다. 그것은 바로 문고리에 묻어있는 몰약이었습니다.

5:5, "일어나 내 사랑하는 자를 위하여 문을 열 때 몰약이 내 손에서, 몰약의 즙이 내 손가락에서 문빗장에 떨어지는구나"

솔로몬은 술람미 여인만큼은 깨어서 자기를 기다릴 줄 알았는데 술람미 여인도 일어나지 않았습니다. 솔로몬은 문틈으로 손을 집어넣어서 술람미 여인을 깨우려고 했는데 그녀는 깨지 않는 것 같았습니다. 그래서 솔로몬은 자기가 왔다는 표시로 문고리에 몰약을 발라

놓고 갔습니다. 몰약은 부패를 방지하는 향료입니다. 솔로몬이 문고리에 몰약을 바르고 간 것은 하나님의 사랑은 변함없다는 뜻이었습니다. 그리고 술람미 여인의 믿음도 변하면 안 된다는 뜻이었습니다.

하나님의 은혜는 공짜입니다. 누구든지 돈 한 푼 내지 않고 하나님의 말씀을 들을 수 있습니다. 그러나 하나님의 은혜는 굉장히 예민합니다. 그래서 우리가 하나님의 말씀을 듣고도 반응하지 않거나 하나님의 말씀을 듣고도 세상을 따라간다면 하나님의 은혜는 사라져 버립니다. 그리고 다시 돌아오지 않습니다. 그래서 부흥의 불이 한번 꺼지면 10년은 물론이고 50년, 100년 되어도 다시 부흥이 잘 일어나지 않습니다. 나무들이 모두 다 타서 젖은 재가 되어버렸기 때문입니다.

3. 솔로몬을 찾아나선 술람미 여인

술람미 여인은 상당히 오랫동안 불면증과 우울증으로 고생했던 것 같습니다. 그러나 술람미 여인은 문빗장의 몰약을 만지고는 정신이 번쩍 들었습니다.

5:6-7, "내가 내 사랑하는 자를 위하여 문을 열었으나 그는 벌써 물러 갔네 그가 말할 때에 내 혼이 나갔구나 내가 그를 찾아도 못 만났고 불러도 응답이 없었노라 성 안을 순찰하는 자들이 나를 만나매 나를 쳐서 상하게 하였고 성벽을 파수하는 자들이 나의 겉옷을 벗겨 가졌도다"

술람미 여인은 솔로몬이 온 것 같아서 문을 열었지만 솔로몬은 이미 떠나고 없었습니다. 술람미 여인은 처음 솔로몬이 이야기할 때 자기가 혼이 나갔었다고 말하고 있습니다. 그것은 정신을 차리지 못했다는 뜻입니다. 술람미 여인은 그때 제정신이 아니었던 것입니다. 그러고는 솔로몬을 불러도 응답이 없고 찾아도 찾지 못했습니다. 이것이 바로 오래 믿은 사람들에게 찾아오는 신앙의 위기입니다.

그러나 술람미 여인이 대단한 점은 솔로몬이 가버렸다고 포기하지 않고 솔로몬을 찾아 나선 것입니다. 술람미 여인은 이미 여러 달 우울증과 불면증으로 고생해서 미친 여자 같았습니다. 그러나 문밖으로 뛰어나가서 솔로몬을 찾았습니다. 술람미 여인은 순찰하는 자들을 붙들고 솔로몬이 어디 있느냐고 물고 늘어졌습니다. 그리고 성벽을 지키는 자들에게 솔로몬을 못 봤느냐고 하니까 파수꾼들은 이 여자가 미치긴 미쳤는데 겉옷은 너무 좋은 옷을 입었다고 해서 그녀의 겉옷을 벗겨갔습니다. 그러나 술람미 여인은 다시 하나님의 말씀을 찾고 싶었고 은혜를 회복하고 싶었습니다. 그래서 술람미 여인은 다시 예루살렘 여자들에게 부탁했습니다.

5:8, "예루살렘 딸들아 너희에게 내가 부탁한다 너희가 내 사랑하는 자를 만나거든 내가 사랑하므로 병이 났다고 하려무나"

예전에 술람미 여인이 사랑함으로 병이 났다고 한 것은 너무 하나님의 은혜가 놀라워서 아팠던 것입니다. 그때는 잠도 오지 않았고 먹고 싶은 것도 없었고 그냥 하나님의 은혜만으로 충분했습니다. 그러나 이제 술람미 여인은 진짜 병들었습니다. 하나님의 말씀을 들은 지 오래되었는데 몸과 마음은 병이 들었습니다. 그 이유는 더 많은 은혜가 필요한데 말씀이 말라버렸기 때문입니다.

지금 많은 교인의 영혼이 메말라 가는 것은 더 많은 말씀이 필요한데 옛날의 신앙 체험으로 살려고 하니까 영혼이 채움을 받지 못했기 때문입니다. 우리는 하나님의 말씀을 더 적극적으로 찾아야 합니다. 미친 사람 취급을 받고 다른 사람에게 욕을 먹고 두들겨 맞아도 말씀을 찾아가야 은혜를 회복할 수 있습니다.

13

나은 것이 무엇이기에

아 5:9-16

'삼고초려 (三顧草廬)' 라는 말은 중국의 《삼국지연의》에서 나오는 말입니다. 후한 시대에 십상시라는 내시들이 나라를 다 들어먹고 황건적의 난이 일어납니다. 그때 나라를 바로 잡으려고 일어선 제후가 조조와 손건과 유비였습니다. 그중에서 가장 세력이 약하고 근거지도 없는 사람은 유비였습니다. 유비는 어떤 노인으로부터 한 젊은 서생을 추천받게 됩니다. 그 노인은 유비의 뜻을 펼 수 있도록 도울 수 있는 지혜와 모략을 가진 사람은 오직 그 사람밖에 없다고 했습니다. 그 사람이 바로 제갈공명이었습니다.

유비는 이 젊은 선비의 초가집을 세 번이나 찾아갑니다. 그런데 한 번 찾아가니까 없고, 두 번째 찾아가니까 마루에서 잠을 자고 있고, 세 번째 찾아가서야 겨우 만날 수 있었습니다. 여기서 '삼고초려'라는 고사성어가 나오게 됩니다. 제갈공명은 유비가 세 번이나 찾아왔다는 말에 감동해서 이 사람은 진짜 겸손하고 학자를 아끼는구나 생각하고는 유비를 따라가게 됩니다. 이 사람의 머릿속에는 이미 자기 대장 유비가 살 수 있는 길은 천하를 삼분하는 방법밖에 없다는 생각을 가지고 있었습니다. 그래서 유비는 촉(지금의 스촨)으로 들어가서 나라를 세우게 됩니다. 물론《삼국지연의》는 과장이 많이 있지만 그럼에도 불구하고 제갈공명은 천재였습니다. 제갈공명은 여러 번 유비를 위기에서 건져내고 백만대군을 거느리고 쳐들어온 조조를 적벽이라는 곳에서 화공으로 거의 전멸시킵니다. 유비를 도와서 나라를 세울 수 있는 사람은 오직 한 사람 제갈공명밖에 없었습니다.

일본을 대표하는 항공사인 일본항공(JAL)이 파산 상태에 빠지게 되었습니다. 그때 총리였던 하토야마는 JAL이 파산하면 일본의 체면이 말도 안 된다고 생각해서 당시 교세라라는 회사의 회장이었던 이나모리 가즈오에게 JAL을 정상화시켜 달라고 부탁합니다. 그 당시 이나모리 가즈오는 세라믹을 만드는 회사 사장 출신이고 항공에 대해서는 아는 것이 아무것도 없었습니다. 그러나 그는 일본을 위해서 JAL 회장직을 맡습니다.

그가 JAL 회사를 돌아보니까 전부 동경대 같은 명문 출신이고 엘리트주의에 빠져 있었습니다. 그래서 카운터에 가도 불친절하고 조종사나 승무원들도 오래된 연수만 따지고 직원들도 아끼는 것이 없었습니다. 그리고 이윤이 남지 않는 비행기 노선도 전부 다 운항하고 있었습니다. 그래서 이나모리 가즈오는 자기는 봉급을 한 푼도 받지 않는다고 선언하고 회사에서 만 오천 명을 퇴사시켜 버립니다. 또 이윤이 남지 않는 비행기 노선은 과감하게 폐지시켰습니다. 그리고 전 직원에게 자기 경영철학을 강의했습니다. 어떤 이는 비행기 조종도 할 줄 모르는 사람이 무슨 강의를 하느냐고 조롱하기도 했습니다. 그러나 JAL은 이나모리 가즈오가 회장을 맡고 2년여 만에 경영이 정상화되고 이천억 원의 영업 이익을 내었습니다. 그 후로 JAL은 완전 정상화가 되었습니다. 그 당시 JAL을 정상화할 사람은 이나모리 가즈오밖에 없었던 것입니다.

이스라엘 백성들이 출애굽할 때 애굽에 열 가지 재앙을 일으키고 홍해를 갈라서 백성들이 바다를 건너고 애굽 군대를 몰살시킨 사람은 오직 모세밖에 없었습니다. 모세가 아니었으면 이스라엘 백성들을 광야로 데리고 갈 수도 없었고, 반석에서 생수가 터져 나오게 할 수도 없었습니다. 모세가 아니었으면 모세 오경을 저술할 학식을 가진 자도 없었을 것입니다. 그런 일을 할 사람은 오직 모세밖에 없었습니다.

교회도 때때로 담임목사님을 모실 때 단 한 사람밖에 없을 때가 있습니다. 오직 성경만을 설교하고 진실하고 겸손한 목사님은 수많은 목사님 중에서 단 한 명밖에 없는 것입니다. 그러면 그분을 줄기차게 찾아가서 나중에는 업어서라도 모셔 와야 하는 것입니다. 그런 목사님을 모시고 와서 설교를 들어보면 벌써 교인들은 은혜를 받게 됩니다.

술람미 여인은 미친 여자 취급을 받아가면서 오직 솔로몬만 찾았습니다. 순찰하는 사람들은 술람미 여자가 미쳤다고 해서 그 여자를 때려서 상처를 입혔습니다. 성벽을 지키는 사람들은 이 여자가 미쳤는데 옷은 좋은 옷을 입었다고 해서 그 옷을 뺏어버렸습니다. 그럼에도 불구하고 술람미 여인이 찾는 사람은 오직 솔로몬이었고 듣고자 하는 것은 솔로몬의 설교였습니다. 그래서 동네 여자들은 술람미 여인에게 물어보았습니다.

"술람미 여인아, 너는 여자들 가운데에 아주 어여쁜 여자인데 네가 무엇이 부족해서 죽자 살자 솔로몬만 찾느냐? 도대체 솔로몬이 다른 사람보다 나은 것이 뭐가 있다고 솔로몬만 찾느냐?"

5:9, "여자들 가운데에 어여쁜 자야 너의 사랑하는 자가 남의 사랑하는 자보다 나은 것이 무엇인가 너의 사랑하는 자가 남의 사랑하는 자보다 나은 것이 무엇이기에 이같이 우리에게 부탁하는가"

우리에게는 오직 예수님밖에 없습니다. 우리가 부르는 찬송가들도 전부 "예수 밖에는 없네"입니다. 사람들은 우리에게 묻습니다. "왜 너희들은 예수밖에 없느냐? 부처님도 있고 소크라테스도 있고 다른 유명한 성자들도 많이 있는데, 왜 너희들은 예수밖에는 없다고 하느냐?"

1. 솔로몬의 특징

술람미 여인이 솔로몬의 특징으로 이야기한 것은 그만이 가지고 있는 특별한 색깔이었습니다. 솔로몬이 가진 이 색깔은 다른 사람들은 절대로 가질 수 없는 것이었습니다.

5:10, "내 사랑하는 자는 희고도 붉어 많은 사람 가운데에 뛰어나구나"

사실 솔로몬이 가졌던 특별한 기술은 바위를 뚫는 능력이었습니다. 마치 하나님의 진리가 태산같이 큰 바위산 속에 있다면 그 누구도 이 산 안을 뚫고 들어가서 그 안에 들어있는 보석 같은 진리를 꺼내어 올 수 없을 것입니다. 그러나 오직 솔로몬만이 특별한 기술을 가지고 있었는데, 그것은 바로 아무리 큰 바위산이라도 뚫고 들어가서 그 안에 있는 하나님의 진리를 끄집어내 올 수 있었습니다. 이것은 마치 바위산 수백 미터 속에 있는 우물에서 물을 길어내는 것과 같아서 그렇게 달고 시원할 수 없고 겨울에는 그 물이 따뜻한 것과 같은 것이었습니다.

여기서 "희다"는 것은 '깨끗하다'는 혹은 '정의롭다'는 뜻입니다. 거기에 비해서 "붉다"는 것은 '뜨겁다' 혹은 '사랑이 많다'는 뜻입니다. 사실 이 두 가지는 같이 조화되기가 아주 어려운 것입니다. 만약 어떤 사람이 아주 지성적이고 정의롭다면 그 사람은 대개 차갑습니다. 그러면 누군가가 잘못했을 때 에누리 없이 가차 없이 책망하든지 잘라버립니다. 반대로 어떤 사람의 성격이 뜨겁다면 그 사람은 사랑이 많아서 모든 것을 대충 다 받아들이기 때문에 정의롭지 못할 때가 많습니다.

그러나 오직 하나님의 진리만이 이 두 가지 맛을 다 가지고 있습니다. 우리가 순수한 하나님의 말씀을 들으면 일단 마음이 뜨거워집니다. 그래서 하나님의 말씀은 우리 안에 있는 곪은 부분은 다 찢어서 고름을 빼내고 암 덩어리는 잘라 내어버립니다. 그러고 나면 우리의 속은 그렇게 시원할 수 없습니다. 그리고 우리는 똑바른 정신을 차리게 됩니다. 그래서 하나님에게는 정의와 사랑이 입을 맞추게 됩니다. 정의와 사랑은 입을 맞추기가 아주 어렵습니다. 사람이 정의로우면 항상 칼 같습니다. 그런 사람은 다른 사람이 틀린 것을 참거나 봐주지 못합니다. 거기에 비해서 사랑이 많은 사람은 잘 자르지 못합니다. 그래서 다른 사람이 틀린 것을 보면서도 내버려둡니다.

하나님은 회개하고 돌아오는 자에 대해서는 한없이 자비로우신 분이십니다. 그러나 하나님을 속이고 회개하지 않는 자에 대해서는 불같이 진노하시는 하나님이신 것입니다. 그래서 신약 성경에서 예수님은 라오디게아 교회를 향해서 이렇게 책망하셨습니다. "내가 네 행위를 아노니 네가 차지도 아니하고 뜨겁지도 아니하도다 네가 차든지 뜨겁든지 하기를 원하노라 네가 이같이 미지근하여 뜨겁지도 아니하고 차지도 아니하니 내 입에서 너를 토하여 버리리라"(계 3:15-16).

어른들이 목욕탕에 갔을 때 가장 좋지 못한 것이 목욕탕 온탕이 뜨겁지도 않고 차지도 않고 미지근한 것입니다. 나이가 들수록 몸이 차가워지기 때문에 아주 뜨거운 물에 들어가서 오래 있으면 피가 통해서 기분이 좋아집니다. 그래서 뜨거운 물에서 몸을 데워서 얼굴이 벌겋게 되고 얼굴에 땀이 비 오듯이 오게 되었을 때 아주 차가운 물에 풍덩 들어가면 온몸이 시원하고 기분이 좋아지게 됩니다. 마찬가지로 하나님의 율법의 바위 속에 뚫고 들어가서 말씀을 캐내어서 먹으면 속이 불타는 것같이 뜨겁습니다. 즉 우리 몸 안에 들어와 있는 사탄의 독이 모두 땀구멍을 통하여 빠져나가게 됩니다. 그리고 아주 차가운 물에 씻으면 우리는 완전히 새 사람으로 다시 태어나게 됩니다.

솔로몬 당시에도 설교자들이 많이 있었지만 거의 대개는 미지근한 물이었습니다. 이들은 사람들에게 깨끗하지도 않은 미지근한 물을 마시게 하니까 시원하지도 않고 뜨겁지도 않았습니다. 그런데 그 당시 순수한 하나님의 말씀을 전할 수 있는 능력을 가진 사람은 솔로몬밖에 없었습니다. 그래서 술람미 여인은 미친 여자 취급을 받으면서도 솔로몬을 찾았던 것입니다. 이것은 오늘도 마찬가지입니다. 교회를 찾을 때 순수한 하나님의 말씀을 전해주는 목사님을 찾아야 합니다. 하나님의 말씀을 들을 때 우리 마음은 뜨거워야 합니다. 그리고 시원해야 합니다. 모든 마음의 고통이 사라져야 하고 새 기분이 되어야 합니다.

존 웨슬리는 하나님의 뜨거운 말씀을 들으려고 온갖 노력을 다하고 심지어는 신대륙에 가서 인디언 선교까지 했습니다. 그러나 그의 마음은 뜨거워지지 않았습니다. 그러다가 영국으로 돌아오는 배에서 독일계통의 기독교인들을 만나게 되고 어느 모임에 갔을 때 누군가가 마틴 루터의《로마서 서문》을 읽어주는데 마음이 뜨거워졌다고 했습니다. 미국의 뉴햄프셔에서 목회한 조나단 에드워즈는 뜨거운 설교를 했습니다. 사람들은 그의 설교를 들었을 때 너무 뜨거워서 당장 지옥불에 자신의 몸이 불타는 줄 알고 데굴데굴 굴렀다고 합니다.

2. 솔로몬의 존귀함과 부드러움

영국의 황태자비나 왕세손을 보면 나이는 젊고 어리지만 쉽게 무시할 수 없는 위엄이 있는 모습을 볼 수 있습니다. 영국의 왕세자비인 케이트 미들턴은 시장을 갈 때 그냥 평범한 옷에 카터를 밀고 가는데도 멋이 있고 위엄이 있습니다. 물론 윌리엄 왕세자도 잘 웃고 친절하지만, 그에게는 왕세자가 지니는 위엄이 있습니다. 그러나 미국 사람들에게는 이런 고상함보다는 천박함을 느낄 때가 많습니다. 특히 미국의 전 대통령 중에는 한때 대통령이었고 엄청난 부자이지만 그가 말하는 것이나 행동하는 것을 보면 좀 천박하다는 느낌이 드는 것이 사실입니다.

그러나 솔로몬은 외모가 일단 고상했습니다. 그리고 만나서 이야기해 보면 아주 부드러운 사람이었습니다.

5:11, "머리는 순금 같고 머리털은 고불고불하고 까마귀 같이 검구나"

머리가 순금 같다는 말은 솔로몬의 머리가 금발이라는 뜻도 있겠지만 그것보다는 솔로몬은 가만히 있어도 우습게 여길 수 없는 고상함을 가지고 있다는 뜻입니다. 외국의 존경받는 복음적인 목사님들을 보면 설교하지 않고 가만히 있어도 존귀하게 보입니다. 존 스토트 같은 분은 키도 크지만 평소에 생각하는 모습이나 그가 좋아하는 새에게 손을 내미는 모습은 아주 고상하게 보였습니다. 로이드 존즈 목사님 같은 분은 휴가 가서 배에서 책을 읽든지 말을 타든지 해도 고상한 모습이었습니다. 왜냐하면 그가 만나고 있는 하나님이 고상한 분이시고 그가 다루고 있는 말씀이 고상했기 때문입니다. 하나님의 백성들은 고상한 품격이 몸에 배어 있어야 합니다. 그렇지 않으면 세상 사람들로부터 업신여김을 당하게 됩니다.

그러나 하나님의 종들은 경직되어 있으면 안 됩니다. 얼굴이나 몸이 경직되어 있으면 다른 사람들이 가까이할 수 없고 화가 난 것처럼 보이기 때문입니다.

"머리털은 고불고불하고 까마귀같이 검구나"라고 했습니다. 머리털이 고불고불하다는 것은 솔로몬을 대해보면 사람이 아주 부드럽다는 뜻입니다. 그는 유머를 아는 사람이고 잘 웃고 지나치게 격식을 따지는 사람이 아니었습니다. 가끔 머리가 아주 빳빳한 사람들이 있습니다. 그러면 강한 느낌이 들고 공격적인 느낌이 들 것입니다. 하나님의 백성들은 여유가 있습니다. 왜냐하면 가는 길을 알고 인생의 답을 알기 때문입니다.

머리털이 까마귀같이 새카맣다고 했습니다. 어떤 분은 나이가 젊은데도 머리 한쪽만 허연색이었습니다. 그래서 제가 그분을 부를 때 늘 얼룩소라고 불렀습니다. 머리가 새카만 색이면 아무래도 젊은 느낌이 듭니다. 솔로몬은 언제나 청년의 마음을 가지고 있었습니다.

3. 솔로몬의 향기와 재주

대개 기술을 가지고 있는 사람들은 말을 잘하지 못하는 편입니다. 그래서 기술자들은 기름 묻은 옷을 입고 하루 종일 기계를 만지면서 자동차나 전기를 고치는 일을 할 것입니다. 그런데 솔로몬은 말도 아주 향기 있게 하면서 손재주도 대단히 뛰어났습니다. 솔로몬은 고장난 것 중에서 고치지 못하는 것이 없었습니다.

한번은 어느 도시에 아는 목사님들의 모임이 있어서 갔습니다. 그런데 갑자기 문이 떨어지게 되어서 모두 문을 잡고 쩔쩔매고 있었습니다. 그때 제가 일어나서 문을 간단하게 끼워서 고쳤습니다. 그랬더니 한 분이 "김 목사님이 공대 나오신 것이 그냥 나온 것이 아니야"라고 하셨습니다. 그런 것은 아주 쉬운 일이었습니다. 어느 곳에 가다가 타이어가 펑크가 났습니다. 그래서 잭을 꺼내서 차를 들어 올린 후 타이어를 갈아 끼웠는데, 그 말을 들은 어느 분은 저에게 엄청 대단하다고 추커세웠습니다.

한번은 일본에서 배를 타고 오는데 일 년에 한 번 오는 강한 풍랑을 만났습니다. 그래서 거의 모든 사람은 화장실에 가서 몇 번씩 구토했습니다. 그러나 저와 제 아내는 까딱도 하지 않고 끝까지 재미있게 항해를 즐기고 배에서 내렸습니다. 함께 탔던 사람들은 우리 부부에게 지독하다고 했습니다.

5:12, "눈은 시냇가의 비둘기 같은데 우유로 씻은 듯하고 아름답게도 박혔구나"

솔로몬의 눈은 충혈된 눈이 아니었습니다. 솔로몬의 눈은 비둘기 같이 은혜받은 눈인데 사실은 비둘기보다 더 깨끗한 색이었습니다. 즉 우유로 씻은 눈 같다고 했습니다. 이 세상에서 우유로 눈을 씻는 사람이 있겠습니까? 그런데 솔로몬의 흰자위는 깨끗했습니다. 즉 마음에 사심이라고는 조금도 찾아볼 수 없는 깨끗한 눈이었습니다. 옛날에 불렀던 유행가 가사 중에서 "밤같이 까만 눈동자"라는 노래가 있습니다. 그런데 어린이들의 눈을 보면 정말 밤같이 까만 눈동자를 가진 아이들이 있습니다. 이것은 이 세상에서 가장 아름다운 까만색입니다. 까만색도 종류가 많습니다. 흰색도 종류가 많습니다. 그런데 아마 어린아이들의 눈 색깔이 가장 아름다운 까만색일 것입니다. 그리고 은혜받은 성도들의 눈이 가장 아름다운 흰색일 것입니다.

그런데 솔로몬의 눈은 아주 아름답게도 박혔다고 했습니다. 너무 눈이 가깝게 박힌 것도 아니고 너무 멀리 박힌 것도 아니고 딱 맞게 박혔다는 것입니다. 너무 눈이 가깝게 박히면 멀리 있는 것을 보지 못합니다. 반대로 두 눈이 너무 멀리 박혀 있으면 가까이 있는 것이 보이지 않습니다. 두 눈이 딱 맞게 박혀 있으면 가까운 것이나 멀리 있는 것이나 모두 다 잘 볼 수 있습니다. 생선 중에서 눈이 이상하게 박혀 있는 것이 도다리와 광어입니다. 그런데 어느 것이 도다리이고 어느 것이 광어인지 구별하려면 '좌광우도'라고 외우면 됩니다. 왼쪽으로 박힌 것이 광어이고 오른쪽으로 박힌 것이 도다리입니다. 솔로몬은 가까운 것과 먼 미래를 다 볼 수 있는 눈을 가졌습니다.

5:13, "뺨은 향기로운 꽃밭 같고 향기로운 풀언덕과도 같고 입술은 백합화 같고 몰약의 즙이 뚝뚝 떨어지는구나"

솔로몬의 뺨은 향기로운 꽃밭 같았습니다. 그리고 향기로운 풀언덕 같았습니다. 사람들은 솔로몬을 보면 그 꽃밭과 언덕에서 뒹굴고 싶었던 것입니다. 모든 세상 근심 걱정 다 내려놓고 그 언덕에서 뒹굴면서 백합화를 따서 손에 들고 누워있으면 얼마나 좋겠습니까? 전에 어떤 사진을 보니까 부부인 것 같은데 언덕 위에 나란히 앉아서 뭉게구름이 피어있는 곳에서 기타를 치며 노래 부르는 모습이었습니다. 그것은 너무나도 아름다운 모습이었습니다.

5:14, "손은 황옥을 물린 황금 노리개 같고 몸은 아로새긴 상아에 청옥을 입힌 듯하구나"

솔로몬의 손은 황옥이 들어있는 황금 노리개 같았습니다. 솔로몬의 손은 보물을 가지고 노는 손이었습니다. 그의 손에 가기만 하면 고철도 가치 있는 보물이 될 수 있었습니다. "몸은 아로새긴 상아에 청옥을 입힌 것 같다"고 했습니다. 아마 이 당시에는 상아에 청옥을 입힌 조각이 최고 조각이었던 것 같습니다.

저는 미켈란젤로의 조각 중에서 삼대 조각을 들라고 하면, 제일 먼저 5미터짜리 〈다윗상〉(다비드상)과 마리아가 십자가에서 내린 예수님을 안고 있는 〈피에스타〉 그리고 〈모세상〉을 꼽을 것입니다. 〈모세상〉의 특징은 이마에 뿔이 있습니다. 이것은 모세의 권위를 나타내는 것입니다. 이 조각들은 어느 누구도 흉내 낼 수 없는 걸작 중의 걸작입니다.

또 로댕의 최고 작품 세 가지를 들라고 하면, 가장 먼저 〈생각하는 사람〉을 들 수 있을 것입니다. 어떤 사람은 〈생각하는 사람〉을 배가 고파서 배추를 먹는 장면이라고 하기도 하고, 노려보는 모습이라고 하기도 하고, 화장실에 앉아 있는 모습이라고 조롱하기도 했지만, 최고의 조각인 것은 부인할 수 없습니다. 그리고 〈다이애나상〉과 〈지옥문〉을 들 수 있을 것입니다.

5:15-16, "다리는 순금 받침에 세운 화반석 기둥 같고 생김새는 레바논 같으며 백향목처럼 보기 좋고 입은 심히 달콤하니 그 전체가 사랑스럽구나 예루살렘 딸들아 이는 내 사랑하는 자요 나의 친구로다"

솔로몬은 하나님이 만드신 최고의 조각 작품이었습니다. 그러나 딱딱하고 죽은 조각이 아니라 살아있고 말을 하는 조각품이었습니다. 우리야말로 살아있는 하나님의 조각품입니다. 물론 우리는 말도 하고 활동도 할 수 있습니다. 천박한 말들은 모두 버리고, 입이 달콤하고 그 전체가 사랑스러운 교인들이 다 되시기 바랍니다.

|4
함께 찾으리라
아 6:1-14

아이들이 동네에서 친구들과 놀다가 밤이 되어도 집에 들어오지 않으면 부모들이 찾아 나섭니다. 그런데 동네에도 아이가 보이지 않으면 그때는 동네 어른들이나 경찰이나 모두 동원되어 찾으러 나갑니다. 아주 오래전에 대구에서 여러 명의 어린이가 개구리를 잡으러 간다고 집을 나갔는데 이 아이들이 집에 돌아오지 않았습니다. 그래서 부모와 학교 교사와 경찰들이 모두 출동되어서 온 주위 산을 다 뒤졌지만 끝내 아이들을 찾지 못했습니다.

술람미 여인은 오랜 시간 여유롭고 풍족하게 지내면서 하나님을 향한 뜨거운 마음을 잃어버리게 되었습니다. 술람미 여인과 하나님의 관계는 다시 멀어지게 되었습니다. 심지어는 말씀을 전해주는 종인 솔로몬이 밤에 이슬을 맞으면서 찾아왔지만 일어나기 귀찮다고 문을 열어주지도 않았습니다. 그러다가 이 술람미 여인은 자기 자신을 돌아보았습니다. 예전에 자기 자신을 찾지 못하고 얼마나 방황했으며, 솔로몬의 설교를 듣고 얼마나 은혜를 받았던가? 그런데 지금은 왜 그때의 간절한 마음이 사라져 버렸는가? 그것을 생각하니 술람미 여인은 다시 은혜를 찾아야겠다는 생각이 들었습니다. 술람미 여인은 미친 여자처럼 산발이 되고 옷도 아무것이나 걸치고 밖으로 뛰쳐나가서 솔로몬을 찾았지만 어디에도 보이지 않았습니다. 술람미 여인은 야간 순찰하는 사람들에게 솔로몬을 찾아달라고 했지만, 그들은 "우리가 잃어버린 사람이나 찾는 사람으로 보이느냐?"고 하면서 도리어 그녀를 때렸습니다. 또 술람미 여인은 성벽을 지키는 사람들에게 솔로몬을 찾아달라고 하니까 "이 미친 여자가 멋있는 옷을 입은 것을 보니 옷을 도둑질한 모양이라"고 하면서 그 옷을 빼앗기도 했습니다.

결국 동네 여자들은 술람미 여인을 붙들고 물어보았습니다. 그들은 술람미 여인에게 "너는 인물도 잘생겼고 돈도 부족하지 않는데 솔로몬이 뭐가 잘났다고 죽으라고 솔로몬만 찾느냐?"고 질문했습니다. 그때 술람미 여인은 "내 사랑하는 자는 희고도 붉다"고 대답했습니다. 희고도 붉은 것이 바로 하나님의 말씀입니다. 하나님의 말씀은 깨끗하고도 사랑이 있고, 뜨겁고도 시원한 것이 특징입니다. 그랬더니 온 동네 사람이 그렇게 귀한 하나님의 사람이라면 우리 모두 같이 찾아야 한다고 하면서 나서게 되었습니다. 솔로몬은 한 사람에게만 필요한 사람이 아니었습니다. 솔로몬은 모든 사람에게 필요한 사람이었습니다. 이 세상에서 잘 살거나 못살거나 지식이 있거나 없거나 모든 사람은 하나님의 말씀이 필요합니다.

1. 솔로몬은 어디에 있는가?

우리가 생각하기에 솔로몬은 이스라엘의 왕이 되었기 때문에 틀림없이 예루살렘 왕궁에 있을 것으로 생각하기 쉽습니다. 그러나 예루살렘 왕궁에 솔로몬은 없었습니다.

지금 술람미 여인의 동네 여인들이 당황했던 것은, 솔로몬은 솔로몬대로 어디론가 가버렸고 술람미 여인은 술람미 여인대로 솔로몬을 찾는다고 돌아다니는 바람에 두 사람 모두 사라져 버렸다는 점입니다. 한때 술람미 여인의 동네는 하나님의 말씀이 차고 넘쳐서 잔치할 정도로 말씀이 뜨거운 동네였습니다. 그러나 솔로몬이 오랜만에 이 동네에 와보니까 그 뜨거웠던 열정은 없어져 버리고, 심지어는 술람미 여인까지 신앙이 침체되어 문을 열어주지 않으니까 실망해서 떠나버렸던 것입니다. 거기에다가 술람미 여인은 자기 나름대로 신앙이 침체되어 이렇게 되었다고 생각하고는 솔로몬을 찾는다고 어디론가 가버렸습니다. 그래서 술람미 여인의 동네는 말씀을 설교하던 솔로몬도 없고, 또 낙심한 사람들을 잘 위로해주던 술람미 여인도 없어서 냉방처럼 아주 썰렁한 동네가 되고 말았습니다.

6:1, "여자들 가운데에서 어여쁜 자야 네 사랑하는 자가 어디로 갔는가 네 사랑하는 자가 어디로 돌아갔는가 우리가 너와 함께 찾으리라"

원래 술람미 여인의 동네 여자들은 하나님의 말씀을 몰랐습니다. 이곳의 여자들은 그냥 웃고 떠들고 연애하는 이야기나 하고 다른 남자 이야기를 하면서 지내는 것이 재미였습니다. 그러던 이 여자들은 솔로몬의 설교를 듣고 하나님의 말씀의 맛을 알게 되었습니다. 그들은 모두 기뻐했고 행복해했습니다. 그중에서 술람미 여인은 가장 많이 변화된 여인이었습니다. 그러나 그들은 오랫동안 먹고 마시고 잔치하느라고 하나님의 말씀이 멀어지는 것을 제대로 알지 못했습니다. 그들은 이제 하나님이 귀찮아졌습니다. 그들은 다시 하나님의 말씀을 듣는 것보다는 재미있게 이야기하고 노는 것이 더 좋았습니다. 그러다가 술람미 여인이 가장 먼저 우리가 하나님의 진리에서 너무 멀어졌구나 하는 것을 깨달았습니다. 그래서 술람미 여인은 솔로몬을 찾느라고 미친 여자처럼 되어서 돌아다녔습니다. 그러나 술람미 여인은 솔로몬을 어디에서도 찾을 수 없었습니다.

　모세는 애굽의 공주의 아들이 되어서 모든 부와 영화를 다 누렸습니다. 그러나 그는 하나님 말씀의 맛을 보게 되었습니다. 아마도 어렸을 때 모세를 키웠던 유모(실제로는 친모)가 말해주었든지 아니면 왕궁을 들락거리던 누나가 말해주었는지 모릅니다. 모세는 살아있는 하나님의 말씀을 찾아서 40년 동안 미디안 광야를 돌아다녔습니다. 그러다가 거의 포기하려고 했을 때 불타는 떨기나무 가운데서 말씀하시는 하나님의 말씀을 듣게 되었습니다. 그리고 모세는 능력의 종으로 변했습니다.

　우리가 하나님의 말씀을 한번 잃어버리면 다시 찾기가 매우 어렵습니다. 거의 미친 사람처럼 하나님의 말씀을 찾으러 돌아다니니까 다른 사람들은 그를 보고 귀신들렸다고 말하기도 했습니다. 아마 술람미 여인은 하나님의 말씀을 찾아서 온 유다를 다 돌아다닌 것 같습니다. 그러나 그녀는 하나님의 말씀을 어디서도 찾을 수 없었습니다.

　그러나 솔로몬이 있는 곳이 있었습니다. 그곳은 왕궁이나 많은 사람들이 모이는 시장이 아니었습니다. 솔로몬은 자신의 양 떼가 있는 곳에서 양을 먹이고 있었습니다. 솔로몬은 자기가 먹이는 양 떼가 있었습니다.

6:2, "내 사랑하는 자가 자기 동산으로 내려가 향기로운 꽃밭에 이르러서 동산 가운데서 양 떼를 먹이며 백합화를 꺾는구나"

　보통 집에서 남편을 찾으려고 하면 아내를 찾으면 됩니다. 왜냐하면 아내와 남편 사이에는 어떻게 해서든지 통하는 방법이 있기 때문입니다. 이와 마찬가지로 목자를 찾으려고 하면 그의 양 떼가 있는 곳에 가면 됩니다.

　예수님께서 빈들에서 굶주린 사람들을 보리떡 다섯 개와 물고기

두 마리로 먹이셨습니다. 그랬더니 사람들은 예수님에게 열광하면서 강제로 왕으로 만들려고 했습니다. 예수님은 제자들에게는 배를 타고 호수를 건너가게 하시고, 자신은 산으로 피하셔서 기도하셨습니다. 이튿날 유대인들이 예수님을 찾았지만 그 어디에도 없었습니다. 그래서 사람들은 예수님의 제자들이 있는 곳을 찾아갔습니다. 그랬더니 거기에 예수님이 계셨습니다. 예수님은 물 위를 걸어서 제자들에게로 오셨던 것입니다(마 14:12-33).

만약 술람미 여인이나 그 동네 여자들이 이 진리를 알았더라면 하나님의 말씀을 사랑하는 다른 제자들을 찾아갔을 것입니다. 그러면 거기서 솔로몬이 제자들에게 말씀을 가르치는 모습을 볼 수 있었을 것이고, 또 자기를 찾아오는 사람들에게 주려고 백합화를 꺾어서 꽃다발을 만들고 있는 모습도 볼 수 있었을 것입니다. 우리가 예수님을 만나려면 어디를 가야 합니까? 예수님의 말씀을 사랑하는 사람들을 찾아가야 합니다. 우리는 거기서 백합화 꽃다발을 선물로 받을 수도 있습니다. 이것이 바로 하나님과의 첫사랑을 되찾는 것입니다.

6:3, "나는 내 사랑하는 자에게 속하였고 내 사랑하는 자는 내게 속하였으며 그가 백합화 가운데에서 그 양 떼를 먹이는도다"

하나님의 은혜를 한번 체험한 사람은 하나님께 속한 사람입니다. 그리고 하나님은 그 사람을 떠나실 수 없습니다. 그러나 우리의 신앙이 세상을 사랑하면 차가워지게 됩니다. 신앙이 식으면 능력이 나타나지 않습니다. 그리고 기도 응답이 없습니다. 나사렛 예수님의 이름으로 병을 치료할 수도 없습니다. 아무리 소리를 질러도 귀신이 나가지 않습니다.

2. 변함없는 술람미 여인의 아름다움

술람미 여인은 자신이 하나님의 첫사랑을 잃어버렸기 때문에 너무나도 못생기게 되었을 것으로 생각했습니다. 그래서 자기는 감히 하나님 앞에 기도할 수도 없고 하나님의 용서를 받을 자격도 없다고 생각했을 것입니다. 그러나 술람미 여인이 자신의 첫사랑이 식었다는 것을 깨닫는 순간 그녀는 다시 아름답게 변했습니다.

6:4, "내 사랑아 너는 디르사 같이 어여쁘고, 예루살렘 같이 곱고, 깃발을 세운 군대 같이 당당하구나"

하나님의 눈에는 술람미 여인이 여전히 아름답게 보였습니다. 그러나 변한 것이 있다면 술람미 여인은 여군같이 당당하게 변한 것이었습니다. 한때 우리나라에 코로나가 퍼졌을 때 나라에서는 막 간호사관학교를 졸업한 소위들을 투입했습니다. 기대대로 막 소위를 단 간호장교들은 박력이 있었고 절도가 있었습니다. 그래서 간호장교 소위들은 국민의 사랑을 많이 받았습니다.

술람미 여인은 한번 큰 고난당한 후에 오히려 더 강해졌습니다. 그래서 디르사 같이 어여쁘다고 했습니다. 디르사는 사마리아가 이스라엘의 수도가 되기 전의 수도였는데 아주 아름다운 성이었습니다. 그리고 예루살렘같이 곱다고 했습니다. 예루살렘 안에는 무궁무진한 진리가 있었습니다. 그래서 예루살렘은 속이 아름다웠습니다. 디르사의 외모가 아름다웠다면, 예루살렘은 속사람이 아름다웠습니다. 그리고 깃발을 세운 군대같이 절도가 있었습니다.

오래전에 대전에서 대학생 수련회가 있었습니다. 그때 간호사관학교 생도들도 참석했습니다. 그런데 유감스럽게도 설교 중간쯤 그들은 일정상 학교로 돌아가야 했습니다. 간호생도들이 일제히 일어나서 절도 있게 퇴장하는 모습을 보고 감동받았습니다. 생도들이 훈련받을 때 빠질 수 없는 시간이 점호 시간입니다. 교관이 들어와서 청소상태, 총기를 닦은 상태, 군복이 반듯하게 옷장에 걸려 있는 상태, 수건이 걸려 있는 상태 등을 철저하게 점검합니다. 그런데 그 두려운 점호를 마치면 다시 평범한 여학생으로 돌아갑니다. 기자가 생도에게 "점호가 무섭지 않아요?"라고 물으니까 "약간 힘들어요"라고 대답했습니다. 아무리 당당하고 군기가 들어있어도 여생도는 여생도입니다. 아마 그 여생도들도 BTS가 온다고 하면 소리 지르고 난리 칠 것입니다.

길에서 가장 재미있게 봤던 모습은 해병대 사병들이 훈련 마치고 처음 집에 왔을 때 부모님 앞에서 신고하는 때입니다. 길 한복판에서 부모님 앞에서 큰 소리로 "대한민국 해병대 누구누구 일병, 언제로부터 언제까지 휴가를 명받았습니다. 이에 신고합니다. 필승!" "군가 시작! 군가는 어머니 은혜! 반동은 좌에서 우로!" 하면서 먹따는 소리로 혼자 군가를 부릅니다. 그리고 어머니에게 땅에 엎드려 큰절을 한 번 하고는 안고 웁니다. 한편으로는 강하면서 다른 한편으로는 여전히 귀한 자식인 것입니다.

본문에서 가장 놀라운 것은 술람미 여인의 눈빛이었습니다. 술람미 여인의 눈은 광채가 나고 마음속을 꿰뚫어 보는 아주 강한 눈빛이었습니다.

6:5-7, "네 눈이 나를 놀라게 하니 돌이켜 나를 보지 말라 네 머리털은 길르앗 산 기슭에 누운 염소 떼 같고 네 이는 목욕하고 나오는 암양 떼 같으니 쌍태를 가졌으며 새끼 없는 것은 하나도 없구나 너울 속의 네 뺨은 석류 한 쪽 같구나"

아마 술람미 여인은 이미 백합화가 핀 동산에서 솔로몬을 만난 것 같습니다. 술람미 여인은 대체로 옛날과 똑같았습니다. 그러나 한번 고난을 겪고 난 후에는 속사람이 엄청 성숙했습니다. 그것이 그의 눈빛에 나타났습니다. 술람미 여인이 한번 쳐다보는데 솔로몬조차도 그 눈빛에 깜짝 놀랐습니다. 그러고는 그런 눈으로 나를 보지 말라고 했습니다.

술람미 여인은 대체로 처음 아름다웠을 때와 똑같았습니다. 그의 머리털은 길르앗 산기슭에 누운 염소 떼 같고, 이는 너무나도 고르고 하얀 모습이 당장 목욕하고 나온 양 떼 같았습니다. 그리고 그의 뺨은 석류 속의 보석처럼 빛이 났습니다. 그런데 술람미 여인에게 달라진 부분이 있었습니다. 그것은 사람의 마음을 꿰뚫어 보는 그의 눈빛이었습니다.

이때 솔로몬은 왕이 되어서 왕비와 후궁이 많았습니다.

6:8–9, "왕비가 육십 명이요 후궁이 팔십 명이요 시녀가 무수하되 내 비둘기, 내 완전한 자는 하나뿐이로구나 그는 그의 어머니의 외딸이요 그 낳은 자가 귀중하게 여기는 자로구나 여자들이 그를 보고 복된 자라 하고 왕비와 후궁들도 그를 칭찬하는구나"

이때만 해도 솔로몬은 좀 덜 타락했던 것 같습니다. 그래서 왕비가 육십 명이고 후궁이 팔십 명이었습니다. 그러나 나중에 솔로몬이 성중독증에 빠졌을 때는 왕비가 칠백 명이고 후궁이 삼백 명이었습니다. 그러나 이미 이때 솔로몬은 성 중독증이 시작되고 있었던 것 같습니다. 그 지혜가 많고 하나님의 말씀을 많이 알았고 많은 물질적인 축복을 받았던 솔로몬도 권태가 찾아오니까 성중독 상태에 빠지게 되었던 것입니다. 그런데 본문의 핵심은 술람미 여인의 뛰어남입니다. 하나님의 말씀에 빠진 사람은 다른 사람들이 보기에도 탁월합니다.

3. 떠오르는 태양

우리가 정치인이나 재벌들을 보면 지는 해 같은 사람이 있는가 하면, 떠오르는 태양같이 찬란해지는 사람도 있습니다. 어떤 정치인은 너무 늙었고 정말 완전히 맛이 갔는데도 불구하고 정치에 미련을 버리지 못하는 사람이 있습니다. 이것과 마찬가지로 하나님의 종들 중에서도 지금까지는 사람의 주목을 받지 못하고 사람들이 알지도 못했는데 어느 한순간 태양같이 떠오르는 사람들이 있습니다.

6:10, "아침 빛 같이 뚜렷하고 달 같이 아름답고 해 같이 맑고 깃발을 세운 군대 같이 당당한 여자가 누구인가"

정치인 중에서도 태양같이 떠오르는 사람이 되면 매일 기자들이 그 집 앞에서 진을 치고 그가 가는 데마다 따라다니면서 사진을 찍고 취재를 할 것입니다. 우리나라도 한때 스타급 목회자들이 있었지만, 많이 은퇴하고 돌아가시기도 해서 이제는 스타들이 별로 남아 있지 않습니다.

언젠가 한 번 어떤 기독교 잡지에서 우리나라 유명한 목회자의 설교를 전문가들이 논평해서 책으로 낸 적이 있습니다. 제가 그 책을 읽어보고 마치 요지경 속에 있다가 나온 것처럼 황홀하고 정신이 없었습니다. 왜냐하면 그때만 해도 목회자들 중에 스타들이 많았기 때문입니다. 그러나 이제는 스타의 시대는 지나지 않았나 하는 생각이 듭니다. 그럼에도 불구하고 스스로 스타가 되려는 사람이 있다면 아마도 시대착오적인 생각을 가지고 있다고 사람들이 말할지 모릅니다.

아마 술람미 여인은 이스라엘에서 여성 신앙인 중에서는 가장 유명한 사람이었던 것 같습니다. 우리나라에도 유명한 어떤 권사님처럼 기독교 TV 방송 〈새롭게 하소서〉 같은 프로에 고정적으로 나와서 사회를 보는 분도 있을 것입니다. 북한에는 유명한 스타급 여성이 있습니다. 그녀는 영웅 칭호 받는 사람인데 중요한 뉴스를 방송할 때 웅변하듯이 "우리 존경하는 지도자 동지께서 친히 농장에 가서서 현지 지도를 하셨습니다"라고 말을 합니다.

> 6:11-12, "골짜기의 푸른 초목을 보려고 포도나무가 순이 났는가 석류나무가 꽃이 피었는가 알려고 내가 호도 동산으로 내려갔을 때에 부지중에 내 마음이 나를 내 귀한 백성의 수레 가운데에 이르게 하였구나"

술람미 여인은 이미 돌아와 있었습니다. 그런데 이제 다시 비밀의 동산에서 싹이 났는지 꽃이 피었는지 알아보려고 골짜기로 내려가 보니까 백성의 수레가 거기에 준비되어 있었던 것입니다. 즉 술람미 여인에게 더 이상 여기에 있지 말고 예루살렘에 가서 여자들의 마음을 한번 바꾸어보자고 하는 것입니다. 여인들의 마음에 한 번 불을 질러서 이스라엘을 부흥시켜보자고 국민의 마음이 준비되어 있었습니다.

> 6:13, "돌아오고 돌아오라 술람미 여자야 돌아오고 돌아오라 우리가 너를 보게 하라 너희가 어찌하여 마하나임에서 춤추는 것을 보는 것처럼 술람미 여자를 보려느냐"

이제는 예루살렘 여자들이 합창을 합니다. 술람미 여인이여 돌아오라는 것입니다. 우리가 옛날에는 잘못 생각했다고 하면서 우리는 당신을 환영한다고 했습니다. 옛날에는 당신을 마하나임에서 춤추는 술집 여자처럼 생각했는데 지금은 절대로 그렇게 생각하지 않는다고 했습니다. 여성들 사이에 부흥이 일어나고 청년들과 남성도들 안에서 귀한 믿음의 영웅들이 나오게 되기를 간절히 바랍니다.

15

완전한 아름다움

아 7:1-9

어느 추운 겨울날 임시로 만들어놓은 스케이트장에 가보았습니다. 거기에는 많은 어린이와 청소년들이 피겨 스케이트를 타고 있었는데, 스케이트 타는 사람들이 거의 다 초보자였기 때문에 옷도 그냥 입던 옷을 입고 위에는 두꺼운 파카를 뒤집어쓰고 엉금엉금 기어가든지 아니면 스케이트장 가에 있는 철봉을 붙들고 서 있었습니다. 그래도 기념이 될까 해서 사진을 몇 장 찍었는데 아무리 봐도 너무 볼품이 없어서 다 지워버렸습니다. 그러나 우리나라 국가 대표선수가 올림픽 경기에서 스케이트를 타는 모습을 보면 일단 입은 옷이 아주 얇고 예쁘고, 상상할 수 없을 정도로 아름답게 점프하고 회전하고 한 다리를 올리고 원을 만드는데, 완전한 아름다움이라고 말할 수 있습니다. 아마 온 국민은 그 선수가 연기하는 모습을 눈물 흘리면서 보았을 것입니다. 그리고 그가 금메달을 따서 시상식에 오르고 대한민국 국가가 울려 퍼졌을 때 전부 감동하면서 손뼉을 쳤을 것입니다. 이것은 단순히 얼굴이 예쁘다거나 몸매가 늘씬한 것과는 완전히 차원이 다른 완전한 아름다움이라고 할 수 있습니다.

많은 목회자나 신학자들은 아가서 7장을 솔로몬과 술람미 여인 사이의 성적인 관계를 나타내는 내용이라고 생각합니다. 그 이유는 아가서 7장에 술람미 여인의 신체적인 아름다움을 예찬하는 부분들이 많이 나오기 때문입니다. 1절에는 술람미 여인의 허벅지가 멋있다고 하고, 2절에는 술람미 여인의 배꼽이 아름답다고 하고, 특히 술람미 여인의 유방이 어떻다는 표현이 많이 나오고 있습니다. 3절과 6절과 8절에도 나옵니다. 어떻게 보면 아가서 7장은 유방이라는 말로 꽉 차 있는 노래 같습니다. 그러나 그런 눈으로 본문을 보는 사람은 서사시의 성격을 모를 뿐 아니라 아가서가 얼마나 수준 높은 시인지 모르는 사람입니다.

서정주 시인은 〈국화 옆에서〉라는 시를 통해서 나이가 드신 누님 같은 여성의 아름다움을 노래하고 있습니다. "한 송이의 국화꽃을 피우기 위해 봄부터 소쩍새는 그렇게 울었나보다 … 그립고 아쉬움에 가슴 조이던 머언 먼 젊음의 뒤안길에서 인제는 돌아와 거울 앞에 선 내 누님같이 생긴 꽃이여"라고 노래하고 있습니다. 아마 누님이 시집을 가서 오랜 시간 떠나 있었던 것 같습니다. 그러나 남편도 돌아가고 아이들도 다 떠난 후에 누님은 친정에 돌아와서 정말 오랜만에 거울을 보고 서 있습니다. 이때 시인은 그 누님의 모습에서 세상의 산전수전 다 겪은 완전한 아름다움을 보게 되는 것입니다.

본문을 제대로 이해하려고 하면 세 부분으로 나누어야 합니다. 첫 부분은 1절부터 3절까지 동적인 부분이고, 두 번째 부분은 4절부터 6절까지 주로 그의 얼굴의 당당함을 노래하고 있고, 세 번째 부분은 7절에서 9절까지 술람미 여인의 유방이 나타내는 아름다움을 노래하고 있습니다.

1. 술람미 여인의 완전한 모습

아가서 7장을 바로 이해하려면 아가서 4장과 아가서 6장 13절을 비교할 수 있어야 합니다. 앞에 나오는 아가서 4장도 술람미 여인의 아름다움을 노래하고 있는데, 자세히 살펴보면 술람미 여인의 상반신의 아름다움을 노래하고 있는 것을 알 수 있습니다. 그때 솔로몬은 술람미 여인을 처음 만났는데, 술람미 여인은 너울을 쓰고 앉아 있고 솔로몬은 앞에서 그녀를 보고 있는 모습입니다. 그래서 너울 안의 너의 눈이 아름답다고 하든지 아니면 너의 머리털이 길르앗 산에 누운 염소와 같다고 말합니다. 그러나 술람미 여인은 아직 자신감을 가지지 못했고, 또 상당히 수줍어하고 있었기 때문에 그렇게 멋있는 모습은 아니었습니다. 그러나 솔로몬은 술람미 여인의 숨은 아름다움을 보았습니다. 예를 들어서 어떤 여인은 가난해서 좋은 옷도 입지 못하고 화장도 하지 않고 머리도 그냥 생머리를 묶고 있는데 그 여인에게는 숨은 아름다움이 있는 것입니다. 아마 그 여인의 숨은 아름다움을 본 남자는 그 여인을 사랑하게 될 것입니다. 왜냐하면 그 여인에게 좋은 옷을 입히고 화장하고 좋은 목걸이를 달면 완전히 딴사람이 될 수 있기 때문입니다.

어떤 동영상을 보았는데, 우리나라 최고의 소프라노가 고등학생 때 어떤 오케스트라에 맞추어서 노래를 부르는 모습이었습니다. 그때 그 소프라노는 지금도 그렇게 예쁜 사람은 아닙니다. 하물며 그 고등학생 때 교복을 입고 나와서 노래를 부르는 모습은 완전한 촌닭 그 자체였습니다. 그러나 그 여고생이 부르는 노래는 그야말로 천부적인 음성이었습니다. 그래서 콘서트에 나와 있던 모든 청중은 그 여고생이 부르는 노래에 너무 놀랐습니다. 그리고 기대대로 그 여학생은 세계적으로 유명한 소프라노가 되었습니다.

이와 마찬가지로 앞에서 본 술람미 여인의 모습은 전혀 다듬어지지 않은 모습이었습니다. 술람미 여인은 솔로몬이 전하는 하나님의 말씀을 듣고 마치 꽃망울이 터지듯이 아름다워지기 시작했습니다.

그러나 아가서 7장에 나오는 술람미 여인의 모습은 상반신의 모습이 아니라 전신의 모습입니다. 아가서에서는 나타나지 않고 있지만, 술람미 여인이 가진 재능은 댄싱이었던 것 같습니다. 그런데 술람미 여인이 추는 춤은 보통 이스라엘 여자들이 추는 춤과는 완전히 다른 춤이었습니다.

6:13, "돌아오고 돌아오라 술람미 여자야 돌아오고 돌아오라 우리가 너를 보게 하라 너희가 어찌하여 마하나임에서 춤추는 것을 보는 것처럼 술람미 여자를 보려느냐"

이 말씀을 이해할 수 있어야 합니다. 아마 이때 이스라엘 전체에서 춤을 가장 잘 추는 사람들의 댄스 경연대회가 있었던 것 같습니다. 중동지방의 가장 유명한 춤은 밸리 댄싱입니다. 밸리 댄싱은 춤을 추는 무희가 배꼽을 내놓고 히프와 배꼽과 가슴을 심하게 흔드는 춤입니다. 여기서 중요한 것은 히프를 흔드는 속도입니다. 히프를 요란하게 흔들면서 배꼽을 움직이면 남자들이 히프와 배꼽을 보다가 정신이 나가버립니다. 그 대표적인 인물이 신약의 헤롯 왕입니다(마 14:1-12). 헤롯은 자기 의붓딸 살로메가 얇은 옷을 입고 나와서 히프를 흔들고 배꼽을 돌리니까 정신이 나가서 나라의 반까지 주겠다고 약속했다가 결국 세례 요한의 머리를 잘라서 상으로 주게 됩니다. 이 밸리 댄싱은 화려하고 역동적이기는 하지만 아무래도 남자를 유혹하는 춤입니다. 그래서 마하나임에서 여자들이 추는 춤은 전부 밸리 댄싱이었던 것입니다. 밸리 댄싱도 한두 번 봐야 신기하고 멋있지, 모든 여성이 전부다 똑같은 춤을 추면 재미없을 것입니다.

그런데 술람미 여인은 춤 대회에 나와서 기존의 밸리 댄싱과는 완전히 다른 춤을 추었습니다. 그래서 거기에 참석한 귀인들이 술람미 여인의 춤에 모두 놀랐습니다.

보통 춤추는 여인들은 히프를 잘 돌리기 위해서 맨발로 나와서 춤을 추는데, 술람미 여인은 발에 딱 맞는 신을 신고 나왔습니다. 대개 중동 사람들은 날씨가 더워서 슬리퍼 같은 샌들을 신고 다니는데, 술람미 여인의 신은 슬리퍼가 아니었습니다. 이 신은 아주 전문적으로 춤추는 여인들이 신는 전문가용 신이었습니다. 발레를 출 때 중요한 것이 신입니다. 아주 유명한 발레리나가 발레복을 입고 신을 신으면 춤이 시작됩니다. 발레리나가 신을 신고 발끝으로 서서 돌고 동작을 시작하면 구경하는 사람들은 감탄합니다. 어떻게 발끝으로 온몸을 지탱해서 춤을 출 수 있을까 놀랍니다.

세계의 춤 중에 유명한 춤이 많이 있습니다. 그중에서 아일랜드의 탭 댄스가 있습니다. 이것은 발로만 추는 춤입니다. 그리고 탱고도 있고 왈츠도 있고 그 외에도 여러 가지 춤이 있습니다. 술람미 여인이 추었던 춤이 어떤 춤인지는 알 수 없습니다. 그러나 그녀의 춤은 신을 신고 추는 춤이었습니다. 그리고 주로 움직이는 부분은 히프나 허리가 아니라 넓적다리였습니다. 술람미 여인이 짧은 춤 옷을 입고 나왔을 때 그녀의 허벅지 근육은 너무나도 아름다웠습니다. 얼마나 술람미 여인의 허벅지가 둥근지 숙련공이 만든 유리 구슬 같았습니다. 거기에다가 허벅지가 짝짝 뻗으면서 춤을 추는데, 이것은 완전히 유리 구슬 꿰미가 움직이는 것 같았습니다. 술람미 여인의 춤은 조금도 천박하지 않고 아주 고난도 동작의 춤을 보여주었습니다.

술람미 여인이 입은 춤 옷도 배꼽이 보이는 허리가 드러난 옷이었습니다. 그런데 술람미 여인의 배꼽은 격렬하게 움직이는 그런 배꼽이 아니었습니다. 오히려 포도주를 가득히 부어도 쏟아지지 않는 움직이지 않는 배꼽이었습니다. 벤츠 같은 고급 승용차는 컵에 물이나 커피를 넣고 달려도 컵 안에 든 액체가 쏟아지지 않습니다. 왜냐하면 그만큼 차의 승차감이 좋기 때문입니다. 마찬가지로 술람미 여인의 춤은 아주 격렬하고 고난도 동작의 춤인데도 배꼽은 전혀 움직이지 않았습니다. 그리고 허리도 "백합화로 두른 밀단 같다"고 했습니다. 밀단은 쌓아놓으면 넘어지면 안 됩니다. 그리고 아마 최고급 밀단은 매듭에 백합화를 꽂아서 표시했던 것 같습니다. 술람미 여인의 춤은 실수가 없었습니다. 피겨 스케이팅도 공중 점프하다가 실수하면 엉덩방아를 찧기도 합니다. 그러나 술람미 여인의 춤은 아주 안정적이었습니다.

그리고 술람미 여인의 춤은 유방이 아주 조심스럽게 움직이는 춤이었습니다.

보통 때 중동 여자들은 긴 옷을 입으니까 가슴이 드러나지 않는데, 춤을 출 때는 몸에 딱 달라붙는 옷을 입기 때문에 가슴의 윤곽이 그대로 드러났습니다. 그러나 술람미 여인의 가슴은 그렇게 크지도 않고 사슴 새끼같이 귀여운 데다 아주 조심스럽게 숨어 있는 모습이었습니다.

사람들은 술람미 여인이 미친 줄 알았고 솔로몬의 설교밖에 모르는 광신자인 줄 알았는데, 그녀는 세상일도 아주 잘하는 여자였습니다. 더욱이 술람미 여인의 춤 실력은 완전 금메달감이었습니다. 그러니까 크리스천들은 종교에만 미칠 것이 아니라 세상 현실도 잘 알아야 합니다. 그리고 자기 맡은 일에는 최고 전문가가 되어야 합니다.

2. 술람미 여인의 자신감

아마 춤 경연대회에서 술람미 여인은 다른 밸리 댄싱을 한 여자들을 다 물리치고 일등을 한 것 같습니다. 그래서 그 대회의 책임자는 술람미 여인을 앞으로 나오라고 불렀습니다. 이때 술람미 여인은 춤출 때와는 완전히 다른 태도로 아주 조용하고 침착한 여인의 모습으로 등장했습니다.

> 7:4-5, "목은 상아 망대 같구나 눈은 헤스본 바드랍빔 문 곁에 있는 연못 같고 코는 다메섹을 향한 레바논 망대 같구나 머리는 갈멜 산 같고 드리운 머리털은 자주 빛이 있으니 왕이 그 머리카락에 매이었구나"

술람미 여인은 이제 더 이상 수줍어하거나 부끄러워하지 않았습니다. 왜냐하면 한번 큰 어려움을 겪는 과정에서 자기 자신을 찾았기 때문입니다. 중동 지방에서 상아는 아주 비쌌습니다. 상아로 만든 물건들은 전부 최고급이었습니다. 그래서 지금도 밀렵꾼들은 금지된 지역에 들어가서 코끼리를 총으로 쏘아서 상아를 베어가곤 합니다. 술람미 여인은 목이 길었던 것 같은데, 목 전체가 상아로 빚은 것같이 희고 당당하고 변하지 않는 목이었습니다. 이 술람미 여인의 목은 어느 누구에게도 함부로 굽히지 않는 정절이 있는 목이었던 것입니다.

그리고 이제 술람미 여인의 눈빛은 달라졌습니다. 옛날에 술람미 여인의 눈빛은 비둘기의 순한 눈이었습니다. 그러나 이제 술람미 여인의 눈은 깊이를 알 수 없는 깊고 깊은 눈이었습니다. 그래서 "헤스본 바드랍빔 문 곁에 있는 연못"과 같다고 했습니다. 헤스본은 요단 동쪽 모압 땅에 있는 곳인데 그곳의 바드랍빔 연못은 깊기로 유명했습니다. 술람미 여인의 눈은 아주 맑고 깊은 눈으로 변해 있었습니다. 우리나라 사람들은 눈동자가 주로 갈색이지만 외국 사람의 눈동자는 파란색도 있고 하늘색도 있습니다. 그런 사람의 눈동자를 보면 좀 신비로운 느낌이 듭니다.

그리고 "코는 다메섹을 향한 레바논 망대" 같다고 했습니다. 아마도 레바논 사람들은 다메섹 사람들의 공격을 자주 받았던 것 같습니다. 그래서 거기에 망대를 짓고 항상 적이 공격하는 동태를 살폈던 것 같습니다. 술람미 여인의 코는 망대같이 뾰족했고 빈틈이 없었습니다. 사람의 코가 흐리멍덩하면 빈틈이 많은 것입니다. 그래서 군대 행진할 때도 코가 똑바로 앞을 보아야 합니다. 여기저기를 돌아보면 코가 제대로 맞지 않습니다.

술람미 여인의 머리는 "갈멜산 같이" 잘 빗어져 있었습니다. 그런데 바람이 부니까 머리털이 환상적으로 날리고 또 그곳에 빛이 반사되어 자줏빛이 보였습니다. 요즘 여성은 대개 일부러 머리에 물을 들입니다. 젊은 여성은 브릿지라고 해서 흰색을 넣기도 하고 갈색을 넣기도 하고 자주색을 넣기도 합니다. 술람미 여인은 약간 자주색을 넣어서 염색한 것 같습니다. 술람미 여인은 멋을 부리는데도 상당한 실력이 있었던 것 같습니다. 그래서 왕은 술람미 여인의 그 머리카락에 매이었다고 했습니다. 이것은 왕이 술람미 여인의 머리카락에서 눈을 떼지 못했다는 뜻입니다. 술람미 여인의 아름다움은 세상 여자들의 아름다움과는 성격이 달랐습니다.

3. 술람미 여인의 풍성한 사랑

술람미 여인의 인상은 마치 구름 한 점 없이 우울하거나 걱정하는 빛을 전혀 찾아볼 수 없는 화창한 아름다움이었습니다.

7:6, "사랑아 네가 어찌 그리 아름다운지, 어찌 그리 화창한지 즐겁게 하는구나"

어떤 분은 아름답게 생겼기는 하지만 항상 좀 우울하고 걱정이 있는 것 같은 얼굴 모습이 있습니다. 그런데 어떤 분은 그리 아름답지는 않은데 얼굴이 얼마나 화창한지 언제나 활짝 웃고 누구에게나 잘 웃어주는 사람이 있습니다. 이런 사람들이 화창한 사람들입니다. 술람미 여인은 그녀의 얼굴이 보이기만 하면 다른 사람들의 마음이 기뻤습니다. 그리고 무엇인가 좋은 이야기를 기대했습니다. 왜냐하면 이런 사람은 나쁜 이야기를 하지 않기 때문입니다.

여성에게 가장 중요한 것은 역시 유방입니다. 왜냐하면 가슴으로 아기를 품을 수 있고, 또 아기에게 젖을 먹일 수 있기 때문입니다.

7:7, "네 키는 종려나무 같고 네 유방은 그 열매송이 같구나"

술람미 여인은 키가 컸던 것 같습니다. 그래서 그녀는 아주 키가 큰 종려나무 같았습니다. 그리고 이 종려나무 끝에는 열매가 많이 맺혀 있었습니다. 그 열매를 따 먹으려고 하면 종려나무를 타고 올라가는 노력을 해야 합니다. 술람미 여인은 저 높은 곳에 영양가가 높은 많은 열매를 맺어놓았습니다. 그 열매를 먹으려고 하면 나무를 타고 올라가야 합니다.

솔로몬은 종려나무에 올라가서 가지를 붙잡겠다고 합니다. 그것은 떨어지지 않겠다는 결심입니다. 여자와의 관계는 잘못하면 떨어지기 쉽습니다. 진정으로 사랑하는 자만이 거기에 올라가서 가지를 붙잡습니다. 역시 은혜받은 여성은 유방이 포도송이 같아서 한없이 포도주가 흐릅니다. 심지어는 술람미 여인이 가까이 와서 그녀의 콧김을 맡으니까 향긋한 사과 냄새가 났다고 했습니다. 얼마나 기분이 상쾌한지 모릅니다.

나무는 종려나무인데 거기서 흘러나오는 물은 포도주였습니다. 그런데 어떤 때는 솔로몬이 너무 지치고 또 비가 오고 바람이 불어서 종려나무 꼭대기까지 올라가지 못할 때가 있습니다. 그러면 그 나무에서 포도주가 흘러내려서 지쳐서 잠을 자고 있는 솔로몬의 입으로 들어가니까 솔로몬은 잠을 자면서도 포도주를 마셔서 다시 힘을 내었습니다.

우리의 아름다움은 완전한 아름다움이어야 합니다. 어느 한쪽으로만 발달하지 말고 춤과 외모와 열매에 있어서 모두 풍성하게 되시기를 바랍니다.

16
또 다른 화원
아 7:10-13

어렸을 때 저희 집 마당 한쪽에 큰 꽃밭이 있었습니다. 그 꽃밭에는 여러 가지 꽃나무가 있었는데, 달리아, 칸나, 해바라기, 국화, 채송화나 나팔꽃도 있었습니다. 어렸을 때 집에 꽃밭이 있는 것은 우리 정서에 큰 도움이 되었습니다. 식물 중에는 꽃을 피우는 것이 어려운 식물이 있는데 그중에 선인장이 있습니다. 어떤 선인장은 3년이 되어야 한번 꽃이 피는데, 그 꽃이 한번 피면 그렇게 아름다울 수가 없습니다.

특히 이스라엘에는 물이 아주 귀하기 때문에 큰 꽃밭을 만드는 것 자체가 너무나도 어렵습니다. 무엇보다 먼저 샘물을 찾아야 하고 그 다음에는 땅을 갈아서 꽃씨를 심고 또 샘에서 물을 길어서 그 식물에 물을 계속 주어야 큰 꽃밭이 하나 만들어지는 것입니다. 그런데 만일 이스라엘에서 그런 꽃밭을 두 개 가지고 있다면 식물에 대하여 엄청난 지식이 있거나 꽃을 사랑하는 사람일 것입니다.

술람미 여인은 처음 솔로몬이 정말 오랜만에 찾아왔을 때 비밀의 화원을 보여주었습니다. 솔로몬과 동네 사람들은 그 꽃밭의 향기와 아름다움에 취해서 잔치를 했습니다. 그런데 술람미 여인은 다른 데 서 또 큰 꽃밭을 만드는 데 성공했습니다. 술람미 여인은 솔로몬에게 우리 일찍 들로 가서 포도나무의 움이 돋았는지 꽃술이 퍼졌는지 아 침 일찍 일어나서 살펴보자고 했습니다.

그런데 꽃밭에는 식물의 꽃밭만 있는 것이 아닙니다. 문화의 꽃밭 도 있습니다. 요즘 우리나라는 한류라는 꽃을 활짝 피우고 있습니다. 그래서 K-Pop이 세계적으로 유명하고, 한류 영화도 인기를 끌고, 한 국 옷도 미국에서 인기가 있는데, 미국 사람 네 명 중에 세 명은 한국 옷을 입는다고 합니다. 요즘은 한국 음식도 외국 사람들에게 인기가 있는데, 외국 사람들도 돼지 삼겹살을 좋아한다고 합니다. 이제는 삼 성 스마트 폰은 세계적으로 유명하게 되었고, 삼성 컬러텔레비전은 아주 유명하게 되었습니다. 이것도 일종의 한류 꽃밭입니다.

옛날 중국에서도 학문적으로 꽃밭을 이룬 적이 있었습니다. 백가 쟁명(百家爭鳴)이라고 해서 공자, 맹자 할 것 없이 학문이 꽃을 피웠 던 시절이 있었던 것입니다. 그런데 신앙의 꽃밭도 있습니다. 이것은 모든 하나님의 백성이 하나님의 말씀을 듣고 성령을 받아서 꽃들이 한꺼번에 피어나듯이 활짝 피는 것인데, 이것을 우리는 부흥이라고 합니다. 그래서 술람미 여인이 만들었던 꽃밭은 물론 아름다운 꽃밭 을 말하기도 하지만, 사실은 이 여인을 통하여 일어났던 영적인 부흥 을 말하기도 합니다.

1. 술람미 여인의 영적인 꽃밭

신약 성경에서 영적인 꽃밭을 두 군데 이상 크게 일으켰던 사람을 볼 수 있습니다. 그중 한 사람이 사도 바울입니다. 사도 바울은 그리 스에 있는 고린도에서 큰 부흥을 일으킵니다. 사실 고린도인들은 아주 세상적이고 요즘으로 말하면 술 마시기 좋아하고 음란한 짓을 하기 좋아했는데, 도무지 예수님을 믿을 것 같지 않은 사람들이었습니다. 그래서 사도 바울은 고린도에 들어가서 복음을 전하기 전에 두려워서 떨었다고 했습니다(고전 2:3). 그런데 예수님께서는 환상 가운데 사도 바울에게 나타나서 "두려워하지 말라"고 하시면서 "이 성에도 내 백성이 많다"고 말씀하셨습니다. 사도 바울은 고린도에서 맞아 죽을 각오를 하고 오직 예수님의 십자가 보혈만 전했는데, 고린도에 폭발적인 부흥이 일어나게 되었습니다. 물론 고린도 교인들은 사도 바울에 대하여 오해하고 그를 배척하기도 하였지만 방언하는 사람들도 많았고, 예수 믿는 사람들도 많이 생겨나게 되었습니다. 고린도 교인들은 나중에 사도 바울을 이해하고 그에게 도움을 주었는데, 사도 바울은 고린도에서 그 유명한 로마서를 집필하게 됩니다.

그리고 사도 바울이 또 부흥의 꽃밭을 일으킨 곳은 고린도 바다 건너편에 있는 에베소입니다. 에베소에는 아데미 신전이 있었는데, 거기에 있는 여사제 천 명은 모두 몸을 파는 여자였습니다. 에베소 교인들은 사도 바울을 붙잡았지만 사도 바울은 에베소를 별로 중요하게 생각하지 않고 하나님의 뜻이면 다시 오겠다고 말하며 떠났습니다. 그런데 사도 바울이 다시 에베소에 돌아와서 말씀을 전할 때 얼마나 강력한 부흥이 일어났던지 온 도시가 뒤엎어졌습니다. 그곳 사람들은 아무도 우상을 사지 않았고, 마술사들은 마술책을 전부 불질러 버렸습니다(행 19:1-20). 그리고 에베소에 있는 두란노서원에서 2년간 사도 바울에게 성경을 배운 사람들은 모두 자진해서 소아시아 곳곳에 퍼져서 소아시아 전체를 거의 복음화시켰습니다. 이것이 바로 하나님의 영적인 꽃밭입니다.

18세기 영국 성공회는 조지 윗필드 목사의 설교를 듣기만 하면 미쳐버리니까 조지 윗필드가 교회에서 설교하는 것을 금지했습니다. 그래서 조지 윗필드는 처음에 탄광에 가서 설교했는데, 탄광에서 나온 광부들의 얼굴에는 흰 줄이 죽죽 생겼습니다. 그것은 바로 그들이 흘리는 눈물이었습니다. 광부들은 의사도 없고 목사도 없는 이 탄광에 하나님께서 설교자를 보내주셨다고 하면서 감격해했습니다. 또 조지 윗필드는 런던의 공원에서 설교했는데, 그때 런던의 야외공원에는 약 3만 명의 사람들이 그의 육성 설교를 들었습니다. 이 세상의 꽃밭 중에서 가장 아름다운 꽃밭은 장미꽃밭도 아니고 지식의 꽃밭도 아니고 한류의 꽃밭도 아닙니다. 바로 영혼의 꽃밭입니다. 영적인 부흥이 일어나는 꽃밭이 세계에서 가장 아름다운 꽃밭입니다.

술람미 여인은 무려 두 번씩이나 부흥을 일으키는데 성공한 사람이었습니다. 한번은 그의 고향인 엔게디 골짜기였습니다. 엔게디에 있는 사람들은 솔로몬의 설교를 듣고 꽃에 몽우리가 피기 시작했습니다. 여기에 술람미 여인은 물을 주고 벌레가 파먹지 못하도록 잘 돌보아 주어서 그 꽃이 활짝 피게 되었습니다. 거기에는 장미도 있고 칸나도 있고 나팔꽃과 호박꽃도 있었을 것입니다. 그런데 시간이 오래 지나면서 엔게디의 꽃밭은 시들어버렸습니다. 이제 거기에는 더 이상 꽃이나 열매가 없었고 모두 시들어버린 썩은 잎과 땅에 떨어진 시든 꽃밖에 없었습니다. 그리고 술람미 여인은 솔로몬도 귀찮다고 하면서 자기를 찾아온 솔로몬을 문도 열어주지 않고 쫓아버렸습니다. 이제 엔게디 골짜기의 꽃밭은 사람들의 기억에서 점점 지워지게 되었습니다.

그런데 술람미 여인의 마음속에 다시 각성이 일어나게 되었습니다. 술람미 여인에게는 세상의 모든 재미가 이제는 시시해져 버렸습니다. 그래서 술람미 여인은 다시 솔로몬을 찾아 나서게 되었습니다. 술람미 여인은 주위 사람에게 미친 여자 취급받으면서 솔로몬을 찾아 돌아다녔습니다. 그는 순찰하는 자에게 매를 맞기도 하고 겉옷을 빼앗기기도 했습니다. 그러나 술람미 여인은 말씀의 설교자 솔로몬을 만날 수 없었습니다. 그런데 술람미 여인이 곰곰이 생각해 보니까 솔로몬은 멀리 간 것이 아니었습니다. 솔로몬은 술람미 여인의 마음속에 말씀으로 남아 있었습니다. 그래서 술람미 여인은 예루살렘 여자들에게 나를 깨우지 말라고 하면서 하나님의 말씀을 회상하기 시작했습니다. 그러니까 그녀는 옛날에 들었던 솔로몬의 설교가 모두 기억나기 시작했습니다.

그래서 술람미 여인은 다시 옛날의 말씀을 가지고 영혼의 꽃밭을 만들기 시작했습니다(아 6:11-12).

우리나라는 산골짜기에 내려가면 거의 모든 곳에 시냇물이 흐르고 거기에 푸른 나무들이 있습니다. 그러나 이스라엘에는 아무리 골짜기를 찾아가도 푸른 나무나 물이 없는 곳이 대부분입니다. 여기서 골짜기의 푸른 초목을 찾는다는 것은 술람미 여인이 샘을 찾고 있는 모습을 말합니다. 샘을 찾아야 꽃밭을 만들 수 있기 때문입니다. 그러던 중 드디어 술람미 여인은 골짜기에서 샘을 찾았고, 그 샘물을 부지런히 들판이나 산으로 날라서 꽃밭을 만들기 시작했습니다. 그래서 술람미 여인은 두 번째로 큰 꽃밭을 가지게 되었는데, 거기에는 포도원도 있고 석류나무, 감람나무와 무화과나무도 있고, 예쁜 꽃들도 잔뜩 피어있는 더 멋진 화원이 만들어지게 된 것입니다.

농사를 지을 때 물을 지어 나르는 것보다 더 힘든 일은 별로 없을 것입니다. 요즘은 가까이 있는 냇물에 펌프 호스를 넣어서 모터로 돌리면 물이 올라와서 밭으로 흘러가고 심지어는 땅속에 호스를 넣어서 전기를 꽂으면 물이 뿜어져 나오기도 합니다. 그러나 옛날에는 일일이 양동이에 물을 담아서 물지게를 지고 길어와서 밭이나 논에 물을 주어야 했습니다. 이것은 하나님의 말씀을 전하는데도 마찬가지입니다. 하나님의 말씀은 마치 땅속 엄청나게 깊은 곳에 있는 보석과 같아서 바위를 깨고 바구니를 타고 땅속으로 들어가서 캐내어야 합니다. 땅속 깊은 곳에서 나오지 않은 보석은 대개 싸구려나 엉터리입니다.

2. 술람미 여인의 비결

식물을 키우는 것이 쉬운 것 같지만 식물을 제대로 키우려면 정말 어렵습니다. 올해는 사과가 흉작이 되어서 좋은 열매가 나오지 않고 수확도 많지 않은 것 같습니다. 올해 사과 농사를 망친 주된 원인은 기후변화와 병충해라고 합니다. 예전에 제가 차를 타고 경북 지방을 지나 서울로 가다 보면 온 땅이 붉은 사과였던 광경이 기억납니다. 완전히 사과 나라였습니다. 그런데 요즘은 그냥 과일을 키우는 것이 아니라 나무끼리 접목해서 새로운 종류의 과일을 자꾸 만들어냅니다. 최근에 아주 히트를 쳤던 열매가 샤인 머스캣인데, 단점 때문에 실패한 사람들도 있습니다. 샤인 머스캣은 열매를 맺고 그다음 해가 되면 줄기가 굵어지는데 줄기가 수분을 다 흡수하는 바람에 그 열매의 맛이 없어진다고 합니다.

소나무에도 암 같은 병이 있는데 그것은 소나무 재선충입니다. 이 벌레가 한번 퍼지면 산 전체의 소나무 속을 다 파먹어버리기 때문에 그곳에 있는 소나무가 다 죽습니다. 그리고 재선충이 먹은 소나무를 함부로 옮겨도 안 되기 때문에 그 자리에 눕혀놓고 비닐 같은 것으로 씌워서 몇 년을 두어야 한다고 합니다.

과일나무를 키우는데 가장 중요한 것은 진액입니다. 좋은 나무의 진액이 흘러야 좋은 열매가 맺힐 수 있습니다. 술람미 여인의 꽃밭이 성공할 수 있었던 것은 최고의 진액만 사용했기 때문입니다.

7:10, "나는 내 사랑하는 자에게 속하였도다 그가 나를 사모하는구나"

우리는 아가서에서 "나는 내 사랑하는 자에게 속하였고 내 사랑하는 자는 내게 속하였구나"라는 말을 몇 번이나 듣게 됩니다. 수학에서는 A는 B에 속하였고 B는 A에 속하였다고 하면, 합동이라고 합니다. 그러나 상업에서는 독점을 의미합니다. A와 B가 독점 계약을 맺으면 A 상품은 오직 B 가게에서만 살 수 있습니다. 예를 들어서 백화점에 샤넬이나 루이뷔통이나 롤렉스 같은 점포가 있으면 그 상품은 그 가게에서만 살 수 있고 그 가게는 그 상품만 팔아야 하는 것입니다. 그래서 그 가게의 상품은 가짜가 하나도 없고 전부 진짜이기 때문에 믿을 수 있습니다.

술람미 여인은 나무나 화초를 키울 때 오직 솔로몬이 가르쳐준 방법만 사용했습니다. 술람미 여인은 절대로 다른 사람들이 가르쳐주는 방법으로는 식물을 키우지 않았습니다. 그랬더니 나무가 늦게 자라기도 하고 꽃이 늦게 피기도 했습니다. 그러나 오래 참고 기다리니까 틀림없이 꽃이 피고 열매가 맺혔습니다. 그것도 아주 최고로 아름다운 꽃이 피었고, 최고로 크고 맛있는 열매가 맺혔습니다. 술람미 여인의 화원은 대성공이었던 것입니다. 만약 술람미 여인이 성질이 급해서 오래 참지 못하고 솔로몬이 가르쳐준 방법을 버리고 다른 방법을 썼더라면 빨리 꽃이 피고 열매가 맺혔을지 모르지만 금방 썩든지 아니면 먹을 수 없는 열매가 되었을 것입니다.

이것은 복음에도 마찬가지입니다. 하나님의 말씀만 가지고 전하면 처음에는 교인이 늘지 않습니다. 교인이 뭉텅이로 줄어듭니다. 그러다가 몇 해 지나면서 갑자기 꽃이 피고 열매가 맺히기 시작하는데, 최고의 열매가 맺히는 것입니다. 그래서 목회자나 교인이나 개척교회를 해 보지 않으면 진정으로 교회를 알 수 없습니다.

저도 두 번 꽃밭을 경험해 보았습니다. 한번은 서울의 개척교회 때였는데 처음에는 교인이 잘 늘지 않았습니다. 그러다가 6년쯤 지나서 부흥이 일어나는데 교회가 청년들로 꽉 찼습니다. 그리고 저녁까지 성경으로 토론하고 음식도 만들어 먹고 찬송도 불렀는데, 그 당시 모든 청년은 그때가 자기 인생에 가장 행복했던 시기였다고 이구동성으로 이야기합니다.

그리고 또 한 번은 대구 우리 교회에서입니다. 우리 교회는 이미 큰 교회이기 때문에 개척교회의 아기자기한 맛은 누리기 어려웠지만, 크면서도 영광스러운 부흥의 맛을 보았습니다. 송구영신예배, 금요 기도회, 4부 청년예배, 오후예배, 여성부흥회, 메시야 대연주, 이 모든 모임과 행사 전부가 우리에게 잊을 수 없는 부흥의 꽃밭이었습니다. 이 꽃들과 열매가 아름답고 맛이 있을 수 있었던 것은 순전히 솔로몬 이나 예수님이 가르치셨던 성경 말씀대로 물을 길어서 부었기 때문입 니다.

3. 다음 세대까지 이어지는 꽃밭

우리나라에도 개인이나 나라에서 전문적으로 꽃밭을 가꾸어서 성 공한 곳이 있습니다. 가평에는 '아침고요 수목원'이라고 있는데, 거 기에는 여러 나라 많은 종류의 꽃과 나무들이 있습니다. 수목원 꼭대 기에 가면 초미니 예배당이 있는데 그 안에 강대상도 있고 긴 의자도 있습니다. 아마 네 명 정도 들어가면 꽉 찰 작은 예배당입니다. 저는 거기 갈 때마다 주로 꽃이 안 피는 때에 가서 많은 꽃을 보지 못했습 니다. 또 순천에서 열리는 국제 꽃 박람회에 가보면 여러 나라 꽃밭이 있어서 각 나라의 아름다운 꽃들을 키워놓은 모습을 볼 수 있습니다. 네덜란드 정원에 가면 풍차도 있고 튤립도 많이 볼 수 있습니다.

저는 교회에서 부모가 신앙이 좋으면 자녀들이 공부를 잘하는 모 습을 종종 보게 됩니다. 그러면 그 자녀들은 서울대나 고대 같은 데 가서 타지 생활을 하니까 대학에 가서 신앙이 좋지 않게 되는 자녀들 이 많습니다. 그런데 가장 좋은 집은 부모도 신앙이 좋은데 자녀들이 본 교회에 남아서 끝까지 봉사하고 뜨겁게 신앙생활을 하게 되면 그 렇게 순수할 수 없습니다. 그런 경우가 최고의 복을 받은 것입니다.

하나님께서는 "나를 사랑하고 내 계명을 지키는 자는 천대까지 은혜를 베푸느니라"고 말씀하셨습니다. 부모가 신앙이 좋은데 자녀도 순수하고 뜨거운 신앙을 가지고 있다면 그 가정은 최고의 복을 받은 가정입니다. 그다음이 유학 가서 박사학위를 받거나 명문 학교를 나오고 세상에서 성공하는 것입니다.

술람미 여인이 처음 만든 화원은 그다음 대까지 가지 못하고 시들어버렸습니다. 즉 이 부흥은 한 시대로 끝나버린 것입니다. 그런데 술람미 여인이 두 번째 만든 화원은 그다음 세대까지 이어지는 화원이었습니다.

창세기 5장에 보면 아담의 족보가 나오는데 부모는 구백 살까지 사는데 자식들은 백 살 넘어서 태어나는 경우가 많습니다. 그렇다면 그 부모는 백 살까지 자식을 전혀 낳지 못했다는 뜻일까요? 그렇지 않습니다. 아마 많은 자식을 낳았을 것입니다. 그런데 신앙을 가진 자식은 백 년이 넘어야 한 명이 나올까 말까 했던 것입니다.

그래서 술람미 여인과 솔로몬은 나무들을 살피러 가자고 합니다.

7:11-12, "내 사랑하는 자야 우리가 함께 들로 가서 동네에서 유숙하자 우리가 일찍이 일어나서 포도원으로 가서 포도 움이 돋았는지, 꽃술이 퍼졌는지, 석류 꽃이 피었는지 보자 거기에서 내가 내 사랑을 네게 주리라"

나무가 싹이 나고 움이 돋고 꽃술이 퍼진 거기서 내 사랑을 주겠다고 합니다. 즉 미래가 있고 싹이 자라고 있는 곳에 내 사랑도 주겠다는 말입니다. 우리에게는 미래가 있어야 합니다. 어린아이는 예언하며 청년은 환상을 보고 노인은 꿈을 가져야 합니다. 우리에게 꿈이 없으면 무슨 재미로 살까요? 청년에게 비전이 없다면 무슨 재미로 살까요? 그러니까 청년 중에는 줄 사랑도 없다고 말합니다. 그러나 부흥이 있는 곳에는 미래가 있습니다. 우리는 절대로 망하지 않습니다. 거기에 싹이 나서 수풀이 될 것입니다. 황무지가 꽃밭으로 변할 것입니다.

요즘 우리나라 큰 교회들은 개척한 목사님이 교회를 크게 키우고 난 후에는 교회가 시들어버리는 모습을 보게 됩니다. 그것은 다음 사람들이 큰 예배당이나 사람들만 물려받았지, 말씀에 능력이 없었기 때문입니다. 그러면 한 시대로 끝나고 맙니다.

7:13, "합환채가 향기를 뿜어내고 우리의 문 앞에는 여러 가지 귀한 열매가 새 것, 묵은 것으로 마련되었구나 내가 내 사랑하는 자 너를 위하여 쌓아 둔 것이로다"

여기서 중요한 것은 '합환채' 입니다. 합환채는 임신을 촉진하는 풀로 알려져 있습니다. 그 화원 안에는 합환채 냄새도 가득했습니다. 열매가 얼마나 많은지 새 열매, 묵은 열매가 처치가 곤란할 정도로 많이 쌓였다고 했습니다.

지금 우리나라는 신생아가 0.5 프로입니다. 지금 도시에도 초등학교에 신입생이 없을 정도입니다. 옛날에 아기가 태어나면 사람 대접도 받지 못했는데, 지금은 태어나기만 하면 돈을 줍니다. 그래도 젊은 여성들은 아이를 낳지 않겠다고 합니다. 왜냐하면 사랑을 주지 않기 때문입니다. 그러나 부흥이 일어나면 어린이나 어른이나 청년이 차고 넘치게 됩니다. 앞으로도 우리 교회는 어린이나 노인이나 차고 넘치는 교회가 되기를 바랍니다.

17

사랑은 죽음보다 강하고

아 8:1-7

형제 중에서 오빠와 여동생 사이는 좋을 때도 좋지만 서로 생각이 맞지 않을 때는 원수같이 싸우는 사이이기도 합니다. 그러나 마음속에는 정이 있어서 오빠가 군에 가면 여동생이 치킨 한 마리 사 들고 저 먼 전방까지 찾아가서 면회를 하기도 합니다. 더욱이 동생이 예쁜 경우에는 내무실에 있는 모든 친구나 선임들이 소개해 달라고 조르기도 합니다. 또 오빠는 고등학교나 대학 다니는 여동생이 밤늦게 집에 돌아오지 않으면 문밖이나 버스 정류장 같은 곳에서 기다리기도 합니다. 그렇다고 해서 오빠와 동생이 이야기를 많이 나누는 사이도 아닙니다. 그러나 어떤 때 여동생은 오빠의 친한 친구 중에서 남편을 만나기도 하고, 또 오빠는 여동생의 친구 중에서 예쁜 여자와 만나서 결혼하기도 합니다. 그래서 오빠와 여동생의 관계는 멀고도 가까운 관계라고 할 수 있습니다.

그러나 연인 사이는 남매의 관계와 다릅니다. 어렸을 때 여자는 여자끼리 놀고 남자는 남자끼리 놀지, 어렸을 때부터 남녀가 같이 붙어 다니지는 않습니다. 그때는 이성을 좋아하기는 하지만 부끄러워하는 시기이기 때문입니다. 그래서 여자아이들이 고무줄놀이를 하면 남자아이들이 칼로 끊어버리고, 여자아이가 머리를 예쁘게 땋았으면 그 머리를 잡아당기기도 합니다.

술람미 여인은 드디어 솔로몬과 결혼했습니다. 물론 술람미 여인이 솔로몬의 첫 번째 아내는 아니었습니다. 그렇지만 술람미 여인은 솔로몬의 영적인 첫 번째 여인이었습니다. 그래서 솔로몬이 전하는 하나님의 말씀을 술람미 여인이 독점했습니다. 그러나 술람미 여인은 결혼한 후에 솔로몬을 만나는 절차가 더 복잡했습니다. 왕을 만나려고 하면 거쳐야 하는 절차가 너무 많았기 때문입니다. 술람미 여인은 부인들을 책임지는 내시에게도 이야기해야 하고, 첫 번째 부인의 허락도 받아야 하고, 또 솔로몬이 있는 왕실의 허락이나 절차를 다 받아야만 했습니다. 그래서 솔로몬도 밤늦게 이슬을 맞으면서 술람미 여인을 만나러 갔다가 퇴짜를 맞고 말았던 것입니다.

교회에는 여러 가지 조직이 있어서 처음 믿는 분들이 담임 목사를 만나는데 많은 절차와 단계가 필요합니다. 예전에 우리 교회에 한 연대생이 있었는데 그 아이는 말도 없고 교회에 별로 흥미도 느끼지 못했습니다. 그런데 제가 한번 연대에 가서 그들의 모임에 참석했던 적이 있는데, 그때 그 학생은 학교에서 앞에 나서서 광고도 하고 무슨 발표도 했습니다. 학교 모임에는 당회도 없고 제직회도 없고 누구든지 나가서 발표할 수 있기 때문입니다. 그러나 교회는 담임목사님을 만나서 무엇을 물어보려고 해도 먼저 여전도사님에게 전화해야 하고 담당 부목사님을 만나야 하고 나중에는 끝내 만나지 못하는 경우도 많습니다. 그래서 그 학생은 이러한 복잡한 절차에 대해 아쉬움을 표하기도 했습니다.

1. 술람미 여인의 답답함

술람미 여인은 솔로몬과 결혼한 후에는 마음껏 솔로몬의 설교를 들을 수 있을 것으로 생각했습니다. 그런데 막상 솔로몬과 결혼한 후에는 그의 말씀을 들을 기회가 더 없었습니다. 술람미 여인이 솔로몬과 결혼한 후에 왕궁에 들어가고 나니까 거기에는 너무나도 복잡한 형식과 절차가 있어서 한 달에 한 번 정도도 만날 수 없었기 때문입니다.

8:1, "네가 내 어머니의 젖을 먹은 오라비 같았더라면 내가 밖에서 너를 만날 때에 입을 맞추어도 나를 업신여길 자가 없었을 것이라"

술람미 여인은 솔로몬과 결혼하고 나니까 부부 관계가 오빠와 여동생 관계보다 더 못하다고 했습니다. 오누이 사이는 언제든지 만나서 이야기할 수 있고 손을 잡고 다닐 수도 있고 장난을 칠 수도 있고 밤늦도록 이야기해도 되지만, 부부 특히 왕과 왕비는 함부로 만날 수 없었습니다. 왜냐하면 왕은 왕으로서의 법도가 있고, 왕비는 또 왕비로서의 법도가 있었기 때문입니다. 그래서 혹시 궁궐 안에서 마주치게 되었을 때도 키스한다는 것은 상상할 수 없었습니다. 서로 점잖게 목례만 하고 헤어져야 했습니다. 그러니 술람미 여인과 솔로몬은 왕궁에 들어간 후 얼마나 만나기 어려웠는지 알 수 있습니다. 그러니까 술람미 여인은 왕비가 되고 난 후에 오히려 더 하나님의 말씀을 듣지 못했고 그의 영혼은 침체되어 갔습니다. 이 세상에서 아무리 믿음이 좋은 사람이라 하더라도 말씀을 듣지 못하면 믿음의 침체가 반드시 옵니다.

크리스천에게는 영적인 침체라는 병이 있습니다. 영적인 침체에는 많은 이유가 있습니다. 그중에서 가장 많은 것은 말씀을 듣지 못한 경우입니다. 술람미 여인은 솔로몬을 기다렸다가 만나려고 했습니다. 그랬더니 사람들은 오히려 술람미 여인을 업신여겼습니다.

가끔 선교사나 선교회 간사 중에는 교인이나 학생들에게 말씀을 퍼주기만 하니까 자기에게 영적인 고갈이 찾아올 때가 많습니다. 그런 분 중에서 가끔 저희 교회에 와서 말씀만 듣는 분들이 있습니다. 이분들은 처음에는 울기만 하는데, 너무 상처가 많았고 영적인 고갈이 심했기 때문입니다. 그러다가 나중에는 웃기 시작합니다. 그때는 이미 치유가 된 것입니다.

어떤 여인은 남편의 뜨거운 사명에 이끌려 사모가 되어서 시골 교회에 내려갔습니다. 그런데 거기서는 더 남편을 만날 수 없었습니다. 남편은 아침에 심방을 나가면 한밤중이 되어야 돌아왔습니다. 사모는 온종일 집에서 대화의 상대도 없이 남편만 기다리다가 나중에 우울증이 깊어지게 됩니다. 이것이 폭발하니까 가출하기도 하고 소리를 지르기도 하고 감당할 수 없는 지경에 빠지게 되는 경우가 많다고 합니다.

어떤 젊은이는 서로 사귈 때 이야기를 참 많이 했습니다. 거의 매일 만나다시피 하고 카페 같은 곳에서 시간 가는 줄 모르고 이야기를 나누었습니다. 그리고 결혼했습니다. 결혼한 후 남편은 매일 늦게 들어왔고 집에 들어온 후에는 소파에 누워서 신문을 보든지 텔레비전을 보았습니다. 부부는 대화를 나눌 시간이 없었습니다. 나중에 아기가 태어나게 되었는데, 아내는 아기 때문에 거의 잠을 자지 못했습니다. 결국 몸과 마음이 상한 아내는 아이를 두고 죽으려고 가출해 버렸습니다.

8:2, "내가 너를 이끌어 내 어머니 집에 들이고 네게서 교훈을 받았으리라 나는 향기로운 술 곧 석류즙으로 네게 마시게 하겠고"

술람미 여인이 원하는 것은 예전처럼 솔로몬의 설교를 듣는 것이었습니다. 옛날 '어머니 집'은 다른 사람의 방해받지 않고 밤새 솔로몬의 이야기를 들을 수 있는 비밀 장소였습니다. 여기에 보면 중요한 구절이 "네게서 교훈을 받았으리라"는 말씀입니다. 술람미 여인은 말씀을 듣고 싶었던 것입니다. 그러나 술람미 여인은 말씀을 듣지 못해서 영혼이 고갈되어 갔습니다. 술람미 여인은 솔로몬에게 귀한 석류즙을 마시게 하고 싶었습니다. 석류는 겉은 푸르지만 속은 빨갛고 맛이 시면서도 달달합니다. 아마 이런 즙을 마시면 말을 많이 해서 목이 쉬었을 때 잘 회복되었던 것 같습니다.

우리나라에서도 말을 많이 하는 사람에게 효과가 있는 과즙이 있을 것입니다. 도라지즙이나 배즙이나 사과즙 등입니다. 이 모든 것이 목을 푸는데 도움이 되는 과즙인 것 같습니다. 또 쌍화탕이라든지 혹은 한약재 같은 것도 있을 것입니다. 가끔 연설을 많이 하는 목사님들을 보면 무슨 약물 같은 것을 통에 넣어서 계속 마시면서 말하는 모습을 볼 수 있습니다.

하여튼 이것은 술람미 여인이 솔로몬의 교훈을 많이 듣고 싶다는 뜻입니다.

2. 솔로몬과의 약속

술람미 여인은 솔로몬과 결혼할 때 서로 맺었던 약속이 있습니다. 그것은 "나는 내 사랑에게 속하였고 내 사랑은 내게 속하였다"는 것입니다. 이것은 술람미 여인이 솔로몬과 하나라는 뜻입니다. 무엇에 있어서 하나였을까요? 그것은 바로 하나님의 말씀에 있어서 하나라는 뜻입니다. 술람미 여인은 솔로몬의 설교를 독점할 수 있는 특권이 있었습니다.

그래서 술람미 여인은 솔로몬의 설교를 얼마든지 품 안에서도 들을 수 있었습니다. 심지어는 자면서도 솔로몬의 설교를 들을 수 있었습니다.

8:3, "너는 왼팔로는 내 머리를 고이고 오른손으로는 나를 안았으리라"

다른 사람들은 많은 사람이 모인 공개적인 장소에서만 솔로몬의 설교를 들을 수 있었습니다. 그러나 술람미 여인은 솔로몬에게 안겨 그 품 안에서도 하나님의 말씀을 들을 수 있었습니다. 그리고 솔로몬이 잠들었을 때는 다른 사람의 방해를 받지 않고 솔로몬과 같이 있을 수 있었습니다.

8:4, "예루살렘 딸들아 내가 너희에게 부탁한다 내 사랑하는 자가 원하기 전에는 흔들지 말며 깨우지 말지니라"

술람미 여인은 얼마든지 개인적으로 솔로몬의 설교를 들을 수 있었습니다. 그러나 실상은 정반대였습니다. 솔로몬은 나랏일에 바빠서 술람미 여인을 만날 수조차 없었습니다. 결국 술람미 여인은 답답해서 미칠 지경이 되었습니다. 그래서 술람미 여인은 가출해 버렸습니다.

8:5, "그의 사랑하는 자를 의지하고 거친 들에서 올라오는 여자가 누구인가 너로 말미암아 네 어머니가 고생한 곳 너를 낳은 자가 애쓴 그 곳 사과나무 아래에서 내가 너를 깨웠노라"

술람미 여인은 하나님의 말씀을 듣지 못해서 우울증이 오게 되고 결국은 왕궁을 뛰쳐나가서 거친 들을 미친 여자처럼 쏘다니게 되었습니다. 이 사실이 솔로몬에게 알려지니 솔로몬은 자기 잘못을 깨닫고 자신이 직접 거친 들을 다니면서 술람미 여인을 찾았습니다. 결국 솔로몬은 거친 들 어느 구석에서 술람미 여인을 찾아서 그를 부축해서 같이 올라오게 되었습니다. 그리고 그들은 다 같이 예전에 만나서 데이트하던 사과나무 아래에서 쉬게 되었습니다. 예전에 술람미 여인이 솔로몬의 말을 들었을 때, 솔로몬은 마치 수풀 가운데 사과나무 같다고 했습니다. 솔로몬의 말은 그동안 답답했던 술람미 여인의 가슴을 시원하게 했던 것입니다. 그런데 이제 그 사과나무를 되찾게 되었습니다. 솔로몬은 이 사과나무가 술람미 여인의 어머니가 딸을 낳느라고 산통을 겪었던 나무라고 말하고 있습니다. 즉 술람미 여인은 이 사과나무 밑에서 거듭나는 체험을 했던 것입니다.

3. 사랑의 에너지

우리 모든 사람 속에는 엄청난 에너지가 모두 다 들어 있습니다. 그것은 바로 사랑의 에너지입니다. 사랑하는 사람은 기꺼이 장애를 가진 사람과도 결혼합니다. 사랑하는 사람은 나이 차이도 이깁니다. 사랑은 가난도 이깁니다. 결혼 생활하다 보면 가끔 수입이 하나도 없게 될 때가 있습니다. 그러나 사랑의 에너지는 그런 가난도 이깁니다. 그러나 가장 무서운 것은 사랑이 죽음도 이긴다는 것입니다.

8:6, "너는 나를 도장 같이 마음에 품고 도장 같이 팔에 두라 사랑은 죽음 같이 강하고 질투는 스올 같이 잔인하며 불길 같이 일어나니 그 기세가 여호와의 불과 같으니라"

사랑은 도장 같다고 했습니다. 이 도장은 물론 인감증명입니다.

결국 사랑하는 사람은 내 재산 전부와 같습니다. "당신 재산이 뭐요?"라고 묻는다면 "내 아내입니다"라고 대답해야 하는 것입니다. 우리 교인들은 전부 그렇게 대답하실 수 있겠죠? 아내는 내 심장이고 내 간이고 내 콩팥이고 내 인감도장이고 내 전부인 것입니다. 이것을 마음에 품는다고 했습니다. 즉 사랑하는 사람의 인감도장을 심장에 찍는 것입니다. 그러면 내 전부는 사랑하는 사람의 것이 됩니다. 그리고 이 도장은 언제나 팔에 두르고 다닙니다. 사실은 팔이 아니고 손가락입니다. 즉 옛날에는 반지가 인감도장이었던 것입니다.

우리나라 사람들은 결혼반지를 잘 끼지 않습니다. 그 이유는 마음이 중요하지, 반지 같은 것이 뭐가 중요하냐는 생각 때문입니다. 그러나 서양 사람들은 반지를 빼면 큰일납니다. 그래서 우리나라 남자들처럼 반지를 끼지 않고 다니면 이혼했는가 아니면 게이인가 오해하게 됩니다.

그런데 이 뒤에 나오는 말씀이 무시무시합니다.

"사랑은 죽음 같이 강하고 질투는 스올 같이 잔인하며 불길 같이 일어나니 그 기세가 여호와의 불과 같으니라"

여기서 "사랑은 죽음 같이 강하다"고 했습니다. 그런데 아무리 사랑하는 사이라 해도 같이 죽을 수는 없습니다. 물론 질투는 잔인합니다. 사랑하는 사람이 나 외에 다른 사람을 사랑할 수 없습니다. 사랑을 빼앗겼을 때의 분노는 불길 같이 일어납니다.

그런데 우리는 아무리 사랑한다 해도 죽은 자를 살려낼 수는 없습니다. 어떤 부부는 친구 사이였습니다. 그리고 서로 오래 사랑하기로 약속하고 결혼식을 올렸습니다. 그러나 얼마 후에 남편이 병들어서 죽었습니다. 남편이 관에 실려서 나갈 때 아내는 그 관을 향해서 "야, 김 누구누구! 너는 약속 위반한 거야!"라고 소리를 질렀다고 합니다.

그런데 죽음보다 더 강한 사랑을 하신 분이 있습니다. 바로 하나님의 아들입니다. 하나님의 아들 예수님이 우리를 사랑해서 죽으셨습니다. 그러나 그의 사랑은 자신도 살리고 우리 모두도 다 살리셨습니다. 예수님의 사랑은 우리를 영원히 살게 합니다.

8:7, "많은 물도 이 사랑을 끄지 못하겠고 홍수라도 삼키지 못하나니 사람이 그의 온 가산을 다 주고 사랑과 바꾸려 할지라도 오히려 멸시를 받으리라"

하나님의 사랑은 이 세상의 물로도 끌 수 없습니다. 많은 물도 끌 수 없고 홍수라도 끌 수 없습니다. 사람들이 재산을 다 주고 이 사랑을 사려고 해도 살 수 없습니다. 왜냐하면 이 사랑은 영원하기 때문입니다. 우리 모두에게는 이 사랑의 에너지가 있습니다. 오늘 이 사랑의 에너지를 모두 가동하시기 바랍니다. 그래서 모든 어려움을 다 이기고 영원히 하나님의 사랑을 꽃피우는 성도들이 다 되시기를 바랍니다.

18

솔로몬의 포도원

아 8:8-14

요즘 집안이나 사무실의 전등이 지금까지 쓰던 형광등에서 LED 등으로 바뀌고 있습니다. LED는 '빛을 내는 반도체'라는 뜻을 가지고 있습니다. LED등은 형광등보다 좀 더 비싸기는 하지만 훨씬 밝고 전기료도 덜 드는 것으로 알려져 있습니다. 그런데 LED 개발에서 획기적인 일은 청색 빛을 내는 LED를 일본의 이름 없는 엔지니어가 개발에 성공했다는 것입니다. 그 주인공은 나카무라 슈지라는 중소기업 직원이었는데, 좋은 대학 출신도 아니고 머리가 좋은 인물도 아니었습니다. 그는 회사에서 오직 LED등 하나만 가지고 실험을 계속했습니다. 그는 회사에서 무위도식하는 놈이라는 별명을 얻었고 인생 실패자(loser)라고 조롱까지 받았습니다. 그럼에도 불구하고 나카무라는 오직 LED등 하나만 붙들고 연구했습니다.

그러다가 어느 날 드디어 그는 푸른 청색 빛을 내는 LED 전구를 개발하는 데 성공했습니다. 이 청색 LED등은 과학자들이 21세기에는 나오기 어렵다고 생각했습니다. 이 등의 개발로 각종 신호를 개발하게 되었고 디스플레이에도 광범위하게 쓰이게 되었습니다. 어느 날

나카무라는 노벨 물리학상을 타게 되었습니다. 이것은 그에게 정말 놀라운 소식이었습니다. 그리고 그는 미국의 유명한 대학에 정교수로 초빙까지 받았습니다. 그리고 그는 회사가 자기에게 로열티를 제대로 주지 않고 이익을 챙겼다고 해서 자기 회사를 상대로 소송해서 2,000억 원의 배상금을 받아냈습니다. 우리가 지금 보는 삼성이나 LG에서 만든 텔레비전이 이렇게 얇아지게 된 것도 바로 뒤에서 쏘는 청색 LED등 때문에 가능해진 것입니다. 나카무라도 많은 노력을 하고 고생했지만 그에게 행운은 갑자기 찾아왔던 것입니다.

어떤 사람은 지리산에서 한평생 도라지만 키웠습니다. 그는 7년 된 도라지가 폐병에 큰 효과가 있다는 사실을 알았습니다. 그러나 도라지는 7년 되기 전에 썩어버리게 되는 것이 문제였습니다. 이 사람은 많은 실험 끝에 도라지를 2년에 한 번 옮겨 심으면 뿌리가 썩지 않는다는 사실을 알아내어서 그렇게 키운 도라지로 많은 돈을 벌었다고 합니다. 이 세상은 우리가 알지 못하는 신비로 가득 차 있습니다. 누구든지 정신을 똑바로 차리고 열심히 살면 생각지도 못한 행운을 잡을 수 있습니다.

아가서는 포도원에서부터 이야기가 시작됩니다. 그리고 포도원에서 마칩니다. 술람미 여인의 오빠들은 여동생이 재주도 없고 똑똑하지도 않은 것 같으니까 포도원지기를 시켰습니다. 그러나 술람미 여인이 잘하는 것이 있었는데, 하나님의 말씀을 잘 듣는다는 것이었습니다. 술람미 여인은 자신을 가리켜 "나는 비록 검으나 아름다우니"라고 노래했습니다. 때마침 솔로몬도 거의 귀양 오다시피 술람미 여인의 동네에 와서 양을 치면서 하나님의 이야기를 가르치기 시작했습니다. 술람미 여인은 솔로몬이 전하는 하나님의 이야기가 너무 재미있어서 매일 그의 이야기를 들으러 가느라고 포도원을 잘 돌보지 못했습니다. 거기에다가 포도원에 작은 여우가 들어와서 포도원을 엉망으로 만들어버렸습니다. 그래서 아버지나 오빠들은 술람미 여인이 맡은 일도 제대로 못하는 멍청이라고 생각해서 솔로몬의 설교를 들으러 가지도 못하게 했습니다. 결국 술람미 여인은 병이 들게 되었습니다. 하나님을 너무 사랑하고 하나님의 이야기를 너무 좋아한 나머지 병이 났던 것입니다.

이제는 아가서를 마칠 때가 되었습니다. 술람미 여인의 집에서는 여전히 술람미 여인을 어리게 생각하고 무슨 일을 맡겨도 잘하지 못한다고 생각했습니다. 예를 들어서 예수님께서도 자신이 어려서부터 자라신 나사렛에서 설교하니까 그곳에 있던 사람들은 "저게 어디서 희한한 것을 배워서 우리를 가르치느냐?"고 하면서 무시했던 것입니다(마 13:53-58, 막 6:1-6).

그런데 술람미 여인은 하나님의 말씀만 사랑한 것이 아니라 포도를 잘 키우는 어떤 비법까지 알았던 것 같습니다. 그래서 그 방법대로 하니까 솔로몬의 포도원에 좋은 포도가 차고 넘치게 되었습니다. 술람미 여인은 자기에게 그렇게 뛰어난 재주가 있는 줄 모르고 엉뚱한 데서 헤매고 있었습니다. 그러니까 솔로몬이 술람미 여인에게 "너는 지금 부자가 되어 있다"고 하면서 빨리 포도원으로 오라고 불렀습니다.

1. 가족이 보는 술람미 여인의 모습

술람미 여인의 아버지나 오빠들은 여전히 술람미 여인이 어리고 할 수 있는 것이 아무것도 없다고 생각하고 있었습니다.

8:8, "우리에게 있는 작은 누이는 아직도 유방이 없구나 그가 청혼을 받는 날에는 우리가 그를 위하여 무엇을 할까"

여기서 "작은 누이는 아직도 유방이 없구나"라는 말은 아직도 어리다는 뜻입니다. 아버지나 오빠들이 보기에 술람미 여인은 여전히 너무 어리고 할 수 있는 것이 아무것도 없다고 생각했습니다.

옛날 우리나라 어른들도 결혼할 처녀는 체격이 어느 정도 있어야 아이도 잘 낳고 살림도 잘한다고 생각했습니다. 그래서 아들이 결혼한다고 데리고 온 처녀가 몸이 허약해 보이면 어른들은 인상이 찌푸려지면서 "몸이 저래 약해가지고 어디에 써 먹겠나?"라고 하면서 안 된다고는 말하지 못하고 "신부가 좀 약해 보인다"라고 말하곤 했습니다.

술람미 여인의 오빠들은 여동생이 튼튼하지도 못하고 포도원 지키는 일조차도 제대로 하지 못하니까 청혼이라도 받으면 큰일이라고 생각했습니다. 결혼해도 아이를 제대로 낳지도 못하고 키우지도 못할 테니까 어떻게 하면 동생의 결혼을 막을 것인가 하는 것만 생각했던 것입니다. 이렇게 술람미 여인의 오빠들은 동생의 겉모습만 생각했지, 동생이 솔로몬의 설교를 듣고 얼마나 그 내면에 엄청난 변화를 경험했는지 전혀 알지 못했습니다.

이것은 우리도 마찬가지입니다. 우리가 하나님의 말씀을 3년쯤 들었으면 다른 사람들 10년, 20년 산 이상의 경험을 한 것입니다. 그러나 하나님의 말씀을 듣지 못한 친구나 가족은 아이가 몇 명인지 애는 공부를 잘하는지 같은 것만 묻는 것입니다. 왜냐하면 그런 것 외에는 물어볼 것이 없기 때문입니다. 그러나 우리는 그동안에 사도 바울같이 완전히 변화되는 체험을 해서 술이나 담배를 완전히 끊고 세상적인 재미도 다 절제하고, 하나님의 말씀이 송이꿀보다 더 달고 얼마나 기도가 맛있고 내 속 사람이 변화되었는지 모를 정도가 되었습니다. 그래서 우리는 다른 사람들과 같이 80년을 산다고 해도 사실 질적으로는 800년을 사는 것과 같습니다.

술람미 오빠들은 술람미 여인을 더 철저히 지켜야겠다고 생각했습니다.

8:9, "그가 성벽이라면 우리는 은 망대를 그 위에 세울 것이요 그가 문이라면 우리는 백향목 판자로 두르리라"

여성은 모두 다 자기 성벽을 가지고 있습니다. 그래서 남자들은 어떻게 해서든지 그 성벽을 기어 올라가서 먼저 그 여자를 차지하려고 합니다. 술람미 여인의 오빠들은 그래도 동생을 지켜야 한다고 생각했던 것 같습니다. 그래서 동생이 알아서 자기 자신을 잘 지키겠지만 그래도 우리는 은 망대가 되어서 동생에게 접근하는 자들이 있으면 다 물리쳐야 한다고 생각했습니다. 돌로 쌓은 망대가 아니라 은 망대를 세울 것이라고 했습니다. 아마 은 망대라면 훨씬 오래 망대를 쓸수 있을 것입니다. 그리고 햇빛이 비치면 번쩍번쩍 빛나면서 가난한 남자들은 기가 죽어서 오지 못하게 하는 망대가 될 것입니다. 또 오빠들은 술람미 여인이 문이라면 문으로는 약하니까 문 주위를 백향목 판자로 완전히 둘러서 못 나가게 하겠다고 했습니다.

예전에 제가 어느 교회에서 청년들을 지도할 때 자매 중에 아주 미인이 있었습니다. 이 자매는 그냥 예쁜 것이 아니라 키가 크고, 동양적인 미모를 가지고 있었고, 분위기도 아주 차분한 여성이었습니다. 한번은 교회 청년들이 수련회를 갔는데 이 자매가 안절부절못하고 있는 것입니다. 그래서 제가 수련회에 와서 불안해 보이는데 왜 그렇느냐고 물으니까 집에 수련회에 간다고 말을 하지 않고 왔다는 것입니다. 그래서 집이 그렇게 엄격하냐고 물으니까 집에 형부가 있는데 그렇게 무섭게 한다는 것입니다. 그리고 아마 자기가 수련회에 간 줄 알면 가만히 있지 않을 것이라고 걱정했습니다. 그래서 불안해하면서 수련회 참석하지 말고 집에 가서 안심시키는 것이 좋겠다고 생각해서 집으로 가라고 하니까 그 자매는 상당히 안심하는 모습이었습니다.

그 집에는 아마도 형부가 망을 보고 있고 문에도 판자를 둘러친 것 같았습니다.

2. 술람미 여인의 자아상

이미 술람미 여인은 자기 얼굴이 검지만 아름답다고 했습니다. 이 세상에서 가장 아름다운 모습은 성도들이 말씀을 듣고 기뻐하며 웃는 모습입니다. 술람미 여인의 오빠들은 동생을 보기만 하면 늘 "너는 너무 어리다. 너는 할 줄 아는 것이 아무것도 없다. 너는 못 생겼다"고 하면서 부정적인 이야기만 했습니다.

그러나 술람미 여인은 이미 많은 경험을 했습니다. 즉 술람미 여인은 비밀의 화원을 두 개나 만들어보았고, 솔로몬을 잃어보기도 했고, 솔로몬을 찾는다고 매도 맞고 옷도 빼앗기기도 했습니다. 술람미 여인은 자기 자신을 찾으려고 광야 끝까지 혼자 가는 경험을 하기도 했습니다. 솔로몬은 그 광야 끝까지 가서 그녀를 찾아 부축해서 예루살렘으로 돌아왔던 것입니다.

그래서 술람미 여인은 이미 자기 자신을 찾았기 때문에 오빠들이 하는 말에 겁을 먹거나 두려워하지 않았습니다.

8:10, "나는 성벽이요 내 유방은 망대 같으니 그러므로 나는 그가 보기에 화평을 얻은 자 같구나"

술람미 여인은 자기 자신이 성벽이기 때문에 충분히 옳고 그른 것을 분별해서 막을 수 있다고 자신있게 말하고 있습니다. 그리고 오빠들은 자기 가슴이 없다고 말하지만 술람미 여인은 자기 가슴이 망대라고 말하고 있습니다. 술람미 여인은 자기 가슴이 망대같이 불룩 솟아있다고 했습니다. 술람미 여인의 가슴은 솟아있어서 모든 것을 다 느낄 수 있었습니다. 대개 남성은 머리로 무엇인가를 받아들이지만 여성은 가슴으로 받아들입니다.

우리 예수 믿는 사람들은 어수룩해서 사기당하거나 속기 쉽습니다. 그러나 우리가 하나님의 말씀을 자꾸 들다 보면 안테나가 발달해서 하나님으로부터 오는 모든 신호를 다 듣게 됩니다. 우리가 하나님으로부터 오는 신호를 잡으면 세상 사람들이 하는 행동들이 다 보이게 됩니다.

구약 열왕기하 6장에 보면, 엘리사는 하나님의 말씀을 자꾸 듣다가 보니까 아람 왕이 작전 짜는 것까지 다 들을 수 있었습니다. 그래서 아람 왕이 어떻게 공격해 와도 엘리사는 다 알았습니다. 심지어는 이불 속에서 말하는 것도 다 들었다고 했습니다. 그래서 아람 왕은 아예 엘리사를 잡아 죽이려고 밤에 군대를 보내었는데, 엘리사가 있는 도단 성에는 이미 하나님의 불말과 불병거가 출동해서 그 성을 에워싸고 있었습니다. 우리도 하나님의 말씀을 들으면 가슴이 솟아오르면서 하나님의 불말과 불병거를 보게 됩니다.

"그러므로 나는 그가 보기에 화평을 얻은 자 같구나"

여기서 "그"는 솔로몬을 말합니다. 사람이 답을 모를 때는 이리 뛰고 저리 뛰면서 사는 방법을 찾으려고 합니다. 그러나 이미 답을 찾았고 길을 찾았을 때는 더 이상 당황해하거나 조급해할 필요가 없습니다. 이제 천천히 자기 길을 가면 되는 것입니다. 이것이 화평을 찾은 것입니다. 즉 시험을 이긴 것입니다.

만일 어떤 사람이 너무 머리가 아프거나 배가 아픈데 그 원인을 알 수 없으면 미칠 지경일 것입니다. 이때는 망대도 소용이 없고 판자로 문을 막아도 소용없습니다. 그러나 원인을 찾고 약을 먹으면 평안할 수 있습니다. 왜냐하면 금방 아픈 것이 해결되어버리기 때문입니다. 이제 술람미 여인은 대문을 활짝 열어놓아도 두렵지 않았습니다. 왜냐하면 모든 것을 보는 믿음이 안에 있었기 때문입니다.

술람미 여인은 포도원을 지키면서 어떤 비법을 찾았던 것 같습니다. 그래서 솔로몬에게 이 방법으로 포도를 한번 키워보라고 했는데, 솔로몬은 그렇게 키운 포도 농사에서 대박을 터트렸습니다. 술람미 여인이 가르쳐준 방법이 너무 놀라워서 솔로몬의 포도원은 알이 굵은 포도가 차고 넘쳤고 그것을 팔아서 돈도 많이 벌었습니다. 그런데 술람미 여인은 자기의 방법이 얼마나 놀랍고 자기가 부자가 된 것을 모르고 있었습니다. 그래서 솔로몬은 술람미 여인에게 빨리 포도원으로 오라고 연락했습니다.

> 8:11, "솔로몬이 바알하몬에 포도원이 있어 지키는 자들에게 맡겨 두고 그들로 각기 그 열매로 말미암아 은 천을 바치게 하였구나"

'바알하몬'은 아마도 농사짓는 곳은 아닌 것 같습니다. 바알하몬의 뜻은 '많은 사람'을 의미하기 때문에 시장이라든지 아니면 여러 사람이 다니는 성 밖의 사거리 같은 곳일지 모릅니다. 원래 왕의 포도원은 가장 농사가 잘되는 곳에 만들지만 솔로몬은 왕이 된 지 얼마 되지 않기 때문에 아주 척박한 땅을 배정받았을 수도 있습니다. 좋은 땅은 솔로몬의 형들이 다 차지하고 나이가 어린 솔로몬은 농사를 지을 수 없는 아주 척박한 땅을 받은 것 같습니다. 그러나 술람미 여인은 이미 두 곳에 비밀의 화원을 만드는 데 성공한 여인이었습니다. 요즘 말로 표현하면 척박한 두 곳에 부흥을 일으켰던 것입니다. 술람미 여인은 샘물도 잘 찾았습니다. 그리고 거친 산이나 들에 잘 자랄 수 있는 나무나 꽃들도 알아내었습니다. 특히 술람미 여인은 포도원에서 포도가 자꾸 떨어지거나 혹은 열매가 작은 것이 열리거나 가지가 떨어지는 것들을 유심히 관찰했던 것 같습니다. 그래서 술람미 여인은 비밀의 화원에서는 포도알도 굵고 잘 떨어지지도 않고 당도도 아주 높은 포도를 개발했던 것 같습니다.

　술람미 여인은 솔로몬이 내 포도원은 너무 열매가 안 맺힌다고 하니까 그러면 이 모종을 사용해 보는 것이 좋겠고, 포도 농사짓는 방법도 좀 바꾸어보라고 제안했던 것 같습니다. 그래서 솔로몬이 포도원을 맡은 사람에게 술람미 여인의 방법을 가르쳐주고 그대로 하니까 엄청난 포도가 열려서 포도원지기는 포도를 팔아서 은 천 개를 솔로몬에게 바칠 정도였습니다. 당시 은 천 개는 엄청난 돈이었습니다. 요즘 돈으로 치면 몇억이 되는 돈일 것입니다.

3. 술람미 여인의 가치

　술람미 여인은 말씀만 사랑하는 사람이 아니었습니다. 그녀는 비밀의 화원을 두 곳이나 만들면서 농사에 대한 특별한 노하우를 가지고 있었습니다. 그래서 술람미 여인은 이미 솔로몬이 포도 농사에 성공할 줄 알았습니다.

　8:12, "솔로몬 너는 천을 얻겠고 열매를 지키는 자도 이백을 얻으려니와 내게 속한 내 포도원은 내 앞에 있구나"

　술람미 여인은 포도 농사의 비밀을 아는 사람이었습니다. 사람은 이런 노하우가 있어야 어려움이 와도 이기고 경쟁하는 사람이 있어도 흔들리지 않고 나중에는 엄청난 돈을 벌 수 있습니다. 솔로몬은 술람미 여인이 가르쳐준 농사법으로 매년 수억 원을 받았습니다. 그리고 포도원을 지키는 사람도 이백을 받았습니다. 이것도 엄청난 수입이었습니다. 그런데 술람미 여인의 포도원은 손도 대지 않고 그대로 남아 있었습니다. 이것은 이제 거두기만 하면 돈이 생기는 것이었습니다.

결국 경영이라든지 목회라든지 음악 연주라든지 그 무엇이든지 남들이 따라올 수 없는 자기만의 방법이 있어야 성공할 수 있습니다. 그러나 이 모든 노하우의 근본이 되는 것은 하나님의 음성을 듣는 노하우입니다. 왜냐하면 하나님의 음성을 듣지 못하면 그 모든 성공이 다 썩어버리기 때문입니다.

8:13, "너 동산에 거주하는 자야 친구들이 네 소리에 귀를 기울이니 내가 듣게 하려무나"

술람미 여인은 포도 농사에 성공했지만 그는 포도원에 있지 않고 동산에 있는 비밀의 화원에 있었습니다. 왜냐하면 그는 포도향이나 포도주에 도취되는 것이 싫었기 때문입니다. 그는 성공하면 성공할수록 혼자 있고 싶어 했고 하나님을 만나고 싶어 했습니다.

8:14, "내 사랑하는 자야 너는 빨리 달리라 향기로운 산 위에 있는 노루와도 같고 어린 사슴과도 같아라"

술람미 여인이 있는 동산은 황무지가 아니라 풀이 자라서 향기로운 산이었습니다. 노루는 아주 예민한 짐승입니다. 무엇인가 바스락하면 귀를 쫑긋하고 도망치기 시작합니다. 어린 사슴은 아무것도 모르고 순수합니다. 술람미 여인은 아직 때 묻지 않은 순수함을 가지고 있었습니다. 솔로몬은 술람미 여인에게 빨리 달려서 산에서 내려오라고 합니다. 왜냐하면 모두가 그녀의 순수하고 아름다운 열정을 보고 싶어 했기 때문입니다. 우리 성도들은 성공해도 세상의 때 묻지 않고 아름답고 순수한 열정을 늘 가지시기를 바랍니다.